『陽明学』別冊

近代日本の学術と陽明学

二松学舎大学　陽明学研究センター

長久出版社

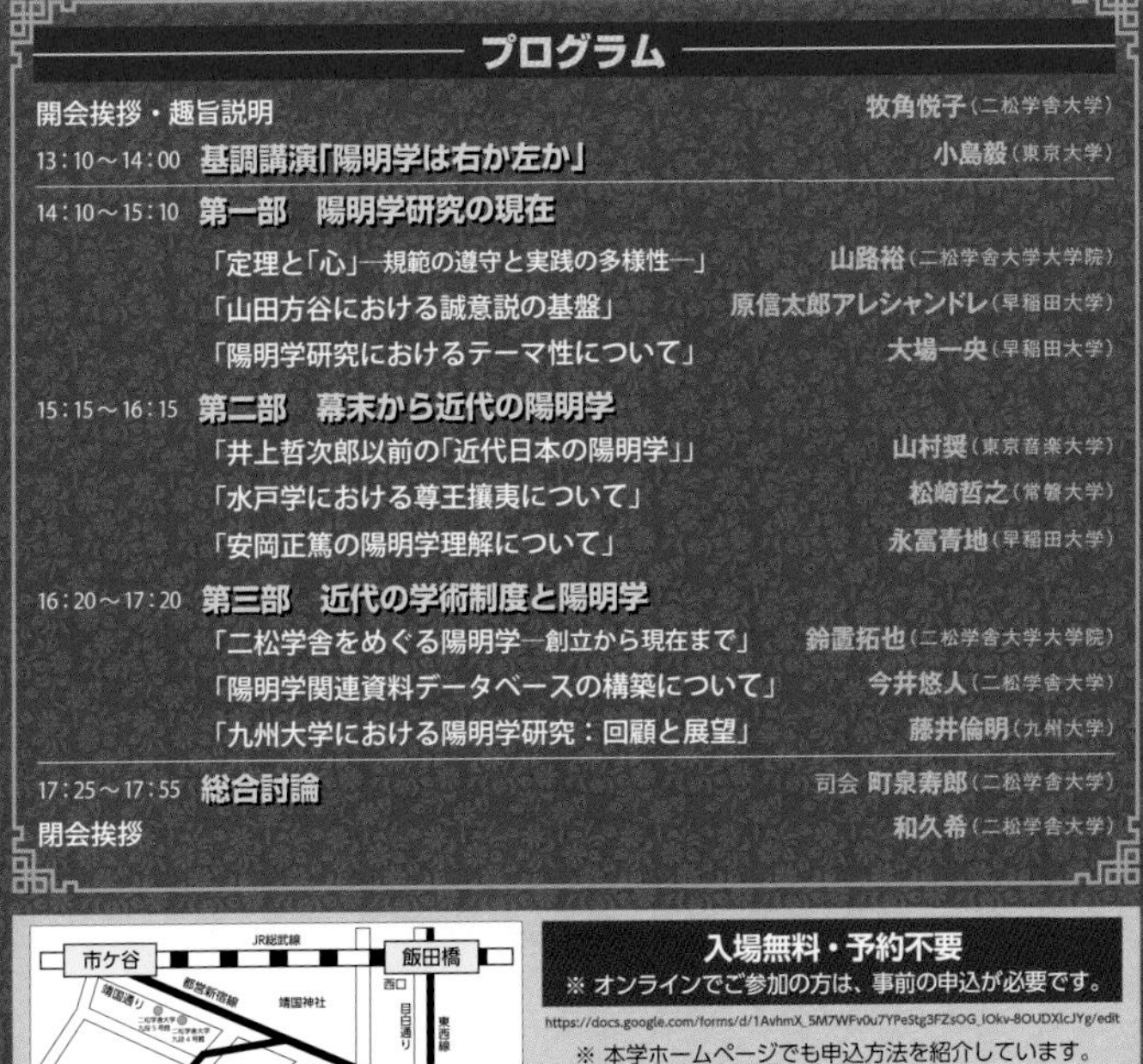

シンポジウム「近代日本の学術と陽明学」
日時：2022年9月17日（土）13:00～18:00
会場：二松学舎大学1号館2階201教室

清宮宗親旧蔵　王文成公銅像
二松学舎大学附属図書館蔵
（撮影　今井悠人氏）

緒　言

情熱と理性のあいだ

陽明学の魅力は、心と主観を否定しないことにある。魂から湧き出でる情熱が現実と切り結ぶとき、大きな爆発的な力を持つ。それは時には閉塞した現実を打開し、新しい境地へと導き、また大いなる肯定によって人の勇気を支える。

しかしまた一方で、真っ直ぐ過ぎる思いと、思い込みによる暴走は、現実社会の秩序と激しく衝突する。強い主観の肯定は、客観的な冷静さによって制御されない限り、永続的な価値を持ち得ない。

今回のシンポジウムを通じて、そのような思いにとらわれた。どちらかというと直情・暴走型であった自分は、陽明学的思考に対しては強い共感を持っていた。しかし同時に、その危険性もまた経験から学んできた。そしてまた更に、では如何にして、客観的に陽明学を分析し、学術として確立することができるのか、ということが、我々の課題なのだと思った。我々、というのは、二松学舎の陽明学研究センターであり、いま日本で陽明学研究を志している貴重な研究人材である。中国学そのものが人材不足に悩まされている現在、陽明学を学術研究として志す人間は、実に貴重である。中国の政治的陽明学ブームとも異なり、社会運動としての活動とも異なる、学問としての陽明学をいま検証し、かつ研究者の情報交換の場を作ること、二松学舎の陽明学研究センターは、それを目指したいと思った。

二松学舎は、開設の当初から陽明学と様々に繋がってきた。学祖三島中洲、その師である山田方谷は、江戸末期の日本にあって、現実変革に繋がる新しい学問を求めて陽明学に共鳴した。しかし彼らは一様に、若い学生が陽明学を学ぶことには慎重だった。それは陽明学に学問として向き合うには個人の成熟度が求められると考えたからである。また、主観や実践を重んじる陽明学は、時代の要請を受けて、政治に利用される。本学の陽明学研究所の設立が、決して学問的な動機のみから実現したものでないことは、目を向けるべき事実として認識している。それが、時には右に、時には左にレッテル貼りをされ、受容者の要求に沿うように解釈された事実は、小島毅の基調講演の通りなのである。

しかしまた同時に、受容者によって如何様にでも変化する陽明学の懐深い柔軟性は、大きな前近代的価値でもある。まるで惑星ソラリスのように、求める価値に相応する答えを、多様に準備している。それは、陽明学なるものが、我々がいま学術上に分類する、思想・哲学・政治・経済などなどの言葉で呼んでいる概念を直接当てはめることの出来ない「学」であり、受け止める者によって、思想にもなり哲学にもなり、実践論・経済論にもなり得る、名付けようもないパトスとして存在するからなのではないかと思う。

ただ、そうであっても、我々は研究者である以上、それを学術として研究することを求められるだろう。共感もいい。実践もいい。しかしそこに止まらず、客観的に言葉で語ること、それが学術研究である。学術に収まりきれない陽明学を、学術として研究することの意味、その方法、それを模索するための一つの試みが今回のシンポジウムであった。

基調講演で示された大きな問題と枠組みの中で、報告者はそれぞれの陽明学を語ってくれた。若手からベテランまで、その方法論の多様な展開は、陽明学の魅力、陽明学研究の可能性を何層にも渉って開示してくれた。またそれぞれの報告に刺激されて、報告者は本冊子に渾身の論考を寄せてくださった。概論・学史・制度史、そして数値解析など、分野においても方法においても、過去から現在、そして未来に展望が開ける。また陽明自身が重視した文という自己表現においても、それぞれ個性に満ちている。基調講演からあとがきに至るまで、それが執筆者の個性の自由な発露であることは、中核にある陽明学そのものが、心を中核にすえた、そして何よりも自由であることを求める学であったことに因るだろう。

本書は本センターの刊行物である雑誌『陽明学』の別冊として出版する。未来の陽明学研究に、一つの刺激を与えることができれば幸いである。

二〇二三年三月

二松学舎大学　東アジア学術総合研究所　所長　牧角悦子

目　次

あとがき

基調講演

陽明学は右か左か

小島　毅

はじめに

気取った演題をつけたが、陽明学自体が思想的に「右」なのか「左」なのかを論ずるのが本稿の趣意ではない。そもそも、一般的に守旧的・伝統重視的な思想傾向を右派、革新的・理想追求的な思想傾向を左派と呼ぶのは、一八世紀末のフランス大革命期における国民議会での議席の位置に由来する用法であって、それ以前の、西欧の市民革命とは関わりのない東アジアの思想にそれを当てはめるのは西洋文明への事大主義精神がなせるわざにすぎない。たしかに現在でも後述するように陽明学についてはその内部対立を表現するためにこの一組の語彙が好んで使われ、かくいう私自身も拙著『朱子学と陽明学』などで用いている。だがここで殊更にこの方向指示詞を持ち出したのは、近代日本において陽明学全体がどちらの傾向性をもつ思想流派として扱われてきたかという、(ミシェル・フーコー流に気取って言えば)思想史研究の考古学を行うための指標としてである。

私は以前の拙著『近代日本の陽明学』(講談社、二〇〇六年)で、近代日本の陽明学的心性を示す思想家たち(陽明学者や陽明学に心酔した人物とは限らない広い範囲を含む)を「白い陽明学」「赤い陽明学」と分類してみた。前者が三島中洲や三島由紀夫、後者が幸徳秋水や山川菊栄である。ただ、そこでは彼らが陽明学自体をどう見ていたかは問うていなかった。ふたりの三島は同じく「白組」だけれども、そしてそれは赤(中国では紅)で表象される社会主義に反感をいだく立場として陽明学に共鳴する人たちなのだが、彼らにおける陽明学評価、あるいは誰をもって典型的な陽明学者とみなすかの判断は異なっている。中洲の場合には師の山田方谷が模範的陽明学者であったし、郷里の岡山ゆかり(といっても、彼は山川菊栄の夫の山川均と同じ備中倉敷ではあるが)の熊沢蕃山が理想の陽明学者であった。一方、由紀夫にとっては大塩平八郎(中斎)こそ陽明学者の典型だった。そもそもこの好みの相違が、陽明学の右派と左派の選別の趣を呈している。本稿では、これと区別するために白と赤の色分けを避けて右左を用いてみるものである。

陽明学を右寄りの思想と見るか左寄りの思想と見るかは、そう見る論者の立ち位置と論者が構想する思想史の型によって定まる。一般論としては、自身が右に属し当該思想に好感をもつ場合と、自身が左に属して当該思想を批判する場合とは、ともに当該思想を「右」の思想とし、自身が右に属して当該思想を批判する場合と自身が左に属しかつ当該思想に好感をもつ場合とでは、いずれも当該思想を「左」の思想とみなすであろうことに、論理的にはなる。だが陽明学については事はそう単純ではない。右派は一般的には守旧派・保守派を意味して用いられているけれども、右の立場からの革新を図るいわゆる右翼・極右もある。三島由紀夫が一九六九年、安田講堂の「陥落」（もしくはそこからの暴徒の排除）によって東大闘争が一段落した直後に駒場キャンパス大講堂を訪れておこなった全共闘との対話集会で、彼らと自分との差異は「天皇」の一語を使うかどうかだけだと思想的親近感を表明したのは、極右とされる三島が極左に通じる心情の持ち主だったことを示している。

ともあれ、本稿では「近代日本の学術と陽明学」と題するシンポジウムの幕開けとして、陽明学がどうみなされてきたかを紹介する。このあと、それぞれの専門家から優れた各論の披露が予定されているのでそれらとの重複は避けたい。とつおいつ思案するうちに、次の人々を取り上げることを思いついた。選択は甚だ恣意的であるが、傾向性を浮かび上がらせるには適当な陣容である。生年順に並べると、

丸山眞男　一九一四〜一九九六
島田虔次　一九一七〜二〇〇〇
荒木見悟　一九一七〜二〇一七
山井湧　一九二〇〜一九九〇
守本順一郎　一九二二〜一九七七

山下龍二　一九二四〜二〇一一
三島由紀夫（平岡公威）一九二五〜一九七〇

生年が一一年の間に入るこの七人は全員大正生まれということになる。昭和初期に青少年期を過ごし、中国との一五年戦争、そして「大東亜戦争」を身をもって経験した世代である。陽明学が軍国主義とアジア侵略を正当化する思想資源として活用されていた時期に教育を受け、読書していた世代でもある。当時は井上哲次郎ですら右翼の論者によって批判されており、その門弟で京都帝国大学名誉教授（一九二八年に停年退官）の高瀬武次郎や、広島文理科大学の西晋一郎、あるいは安岡正篤らが、御用学者として陽明学を国体論の支柱と説いていたのを目睹した人たちだった。そして、彼らのデビューは敗戦後のことに属する。

彼らにとって「敗戦」による旧体制の崩壊はなんだったのか。その体制を支えていた陽明学はどう見えており、それが彼らの研究によってどう扱われていたのか。彼らが担った戦後の陽明学研究が、次の世代、すなわち一九七〇年代以降に学界デビューした研究者たちの問題意識や研究手法に直接の影響を与えている。

アカデミズムの研究者たち六人に、ひとり三島由紀夫を加えたのは、私の好みでもあるが、一九七〇年の例の事件が当時の人々に衝撃を与えたからでもあり、また彼が陽明学を賛美していたからでもある。拙著『近代日本の陽明学』（講談社、二〇〇六年）でも扱った内容ではあるが、彼の陽明学論を話のきっかけにしたい。そして、彼が批判した丸山眞男の陽明学論を紹介し、丸山と同時期に陽明学を逆の見方で評価した島田虔次へ、島田と同い年だが研究手法は対照的な荒木見悟をその次に、丸山を意識してこれと違う日本思想史像を提示した守本順一郎へと、話を進めていく。私にとっては大先輩として近しい関係だった山井湧と山下龍二については、今回は準備不足で取り上げない。与えられた発表時間も以上の五人でぎりぎりいっぱいである。ただ、この二人も寄稿している『哲学雑誌』七七一号（一九五一年）については、別のところ（東京大学の多分野交流演習プロジェクト「『哲学雑誌』を読む」）で所見を最近発表し（二〇二二年七月一四日）たので、そちらに譲りたい。

この七七一号は当時東大の助教授だった宇野精一が編集担当者となり「支那哲学特輯」と銘打った特集号を組んで、当時大学院退学後まもなかった、今で言えばＯＤにあたる山井・山下にも書かせたという事情である。参考までにその号に掲載された論文一覧を掲げておく。

西順蔵　「程明道の天理――性理学の理的性格――」
後藤俊瑞　「朱子の意識主体の問題」
楠本正継　「陽明学の精神」
山下龍二　「明末に於る反儒教思想の源流」
山井湧　「明清時代における「気」の哲学」
大濱皓　「老子における究意的人間」

一　三島由紀夫

一九七〇年一一月二五日、自衛隊の市ヶ谷駐屯地（現在は防衛省の本部）で三島由紀夫は四五年の生涯を終えた。このいわゆる三島事件についてはまさしく汗牛充棟の研究・評論があり、私も『近代日本の陽明学』で試論を提示した。そこでも述べたように、この事件をすでに心中で計画していた三島は同年九月号の『諸君！』に「革命の哲学としての陽明学」を寄稿し、かなり性急に翌一〇月には『行動学入門』という単著に「革命哲学としての陽明学」と、表題から「の」を省いて、収録している。どちらも同じ文藝春秋社からの刊行とはいえ、雑誌に掲載した文章をすぐ翌月の単行本に転載するのはかなり異例のことである。彼が一一月に自分が死ぬことをわかっていたがゆえにそれ以前に広く読んでもらいたいという意思が働いたものと推察できる。なぜならこの文章は「事件」の予告通知だったからだ。以下、「決定版三島由紀夫全集」三六によってこれを見ていく。

この文章で彼が「革命哲学」の実践者として顕彰したのは大塩中斎だった。この全集版で全三四ページ中、位置としてもその中央を占める一二ページ分が中斎についての記述に割かれている。

> 行動哲学としての陽明学はいまや埃（ほこり）の中に埋もれ、棚の奥に置き去られた本になつた。
>
> （二七七ページ）

三島はこう語り始める。大正元年、一九一二年の「乃木大将の死と共に終つた陽明学的知的環境」のあと、一九七〇年時点の「現在の老人支配の日本において、ちやうど大正教養主義の洗礼を受けて育つた世代が、知的指導層を占めてゐる」。すでに昭和初期において「国学は右翼学者の、陽明学は一部の軍人や右翼政治家の専用品になつた」（以上、二七七～二七八ページ）。

> 現代日本知識人の身を置く立場や思想は、マルクシズムの神話の崩壊につれ、ますます朱子学の各分派といふ様相を呈するであらう。私見によれば陽明学は、決してその分派に属さない。むしろ今こそそれは嘗て（かつ）あつたよりも激しい形で、提起され直されねばならない。（……）さて今まではといへば、たとえば丸山眞男氏の「日本政治思想史研究」における陽明学の取り扱ひにも見られるやうに、氏はそのかなり大部の著書の中でわづかに一頁のコメンタリーを陽明学に当ててゐるに過ぎない。（……）しかしながら陽明学は、明治維新のやうな革命状況を準備した精神史的な諸事実の上に、強大な力を刻印してゐた。陽明学を無視して明治維新を語ることはできない。
>
> （二七九ページ）

陽明学と明治維新との影響関係については、三島が本文中でも言及する井上哲次郎『日本陽明学派之哲学』（一九〇〇年）以来の有名なテーゼであり、また陽明学のそうした作用に革命性を見るのは徳富蘇峰の『吉田松陰』の一八九三年初版（彼は一九一〇年の大逆事件後、該当する箇所の記述を改訂して「革命」の語を削っている）やその弟徳冨蘆花が大逆事件直後に行った講演『謀叛論』（一九一一年）などに見られる明治時代の通説である。

> 革命は行動である。行動は死と隣り合はせになることが多いから、ひとたび書斎の思索を離れて行動の世界に入るときに、人が死を前にしたニヒリズムと偶然の僥倖（ぎょうこう）を頼むミスティシズムとの虜（とりこ）にならざるを得ないのは人間性の自然である。／明治維新は、私見によれば、ミスティシズムとしての国学と、能動的ニヒリズムとしての陽明学によつて準備された。
> （二八〇ページ）

したがって、三島によれば、革命を志す左翼の学生たち、それも共産党指導の民青とは一線を画する全学連には陽明学に通じるものがある。

> 全学連運動、いはゆる新左翼の思想の根底には認識と行動との一致、陽明学にいはゆる知行合一のエトスが潜在してゐると思はれるのだが、またそれによつてこそ、単なる蒼（あお）ざめた認識者としての大学教授達は心底から脅かされたと察せられるのだ（……）。（二八二ページ）

ここで思い合わせられるのは、丸山眞男が「ファシストでもやらなかったことをやっている」と全学連を批判したという逸話である。

そもそも陽明学には、アポロン的な理性の持ち主には理解しがたいデモーニッシュな要素がある。ラショナリズムに立てこもらうとする人は、この狂熱を避けて通る。
（二八七～二八八ページ）

三島はこの後、大塩中斎（彼は平八郎と記載）、西郷隆盛、吉田松陰、そして王陽明本人をこの順番に紹介し、ふたたび現代の問題に帰ってくる。「いまや自民党も共産党も同じやうな次元の議会主義政党に堕し」た（三〇八ページ）。

陽明学が示唆するものは、このやうな政治の有効性に対する精神の最終的な無効性にしか、精神の尊厳を認めまいとするかたくなな哲学である。いつたんニヒリズムを経過した尊厳性が精神の最終的な価値であるとするならば、もはやそこにあるのは政治的有効性にコミットすることではなく、今後の精神と政治との対立状況のもつともきびしい地点に身をおくことでなければならない。そのときわれわれは、新しい功利的な革命思想の反対側にゐるのである。陽明学はもともと支那に発した哲学であるが、以上にも述べたやうに日本の行動家の魂の中でいったん完全に濾過され日本化されて風土化を完成した哲学である。もし革命思想がよみがへるとすれば、このやうな日本人のメンタリティの奥底に重りをおろした思想から出発するより他はない。一方、国学のファナティックなミスティシズムが現代に蘇ることがはなはだむづかしいとするならば、陽明学がその中にもつてゐる論理性と思想的骨格は、これから先の革新思想の一つの新しい芽生えを用意するかもしれない。（三〇九ページ）

保守的・守旧的にして体制支持の朱子学的な思惟に抗して、革命思想としての陽明学が必要とされている。その陽明学は三島自身の立ち位置からは「右」のものであるべきだが、全共闘のような極左がその精神を体得したならば「左」のものとして作用するだろう。最後に掲げる次の記述は、本文の文脈上は大塩の乱や乃木希典の殉死を指しており、三島にとっては間近に迫った自己の蹶起を予告しているのであろうが、全共闘運動が屈折してこの数年後に展開する連合赤軍のテロ行為を予言し当てている。

何故日本人はムダを承知の政治行動をやるのであるか。しかし、もし真にニヒリズムを経過した行動ならば、その行動の効果がムダであつてももはや驚くには足りない。陽明学的な行動原理が日本人の心の中に潜む限り、これから先も、西欧人にはまつたくうかがひ知られぬやうな不思議な政治的事象が、日本に次々と起ることは予言してもよい。（三〇六ページ）

二　丸山眞男

三島由紀夫は、丸山眞男が陽明学をわずか一ページのコメンタリーで済ませていると批判していた。実際、その『日本政治思想史研究』（東京大学出版会、一九五二年。本稿で使用するのは一九八三年の新装版）は三二〜三三ページに注八としてちょうど一ページ分の解説を載せている。

なほこゝで陽明学について一言して置かう。（……）しかし基本的な思惟方法については朱子学に依存するところが多い。この朱子学への依存性はとくに我が国の陽明学派において大であつて、そこには古学派や朱子学派におけるごとき独立した学派としての発展は見られなかつた。（……）概括的にいへば、やはり思想界一般の推移を反映して後期になるほど朱子学的特性から離れてゐる。例へば陽明学派の祖といはれる中江藤樹と、その弟子熊沢蕃山と、さらに近世後期の大塩中斎らの思想において、静的＝観照的性格がいかに後退して行つたかは縷説をまたないであらう。だから朱子学的特性と対立した意味での陽明学一般の性格を論ずることは日本において特に無意味であつて、儒教の学説史を説くのではなく、近世初頭において普遍的であつた思惟方法乃至精神態度がいかに変化したかを説くことにわれわれの問題が存する以上、さうした思惟方法の崩壊過程を朱子学的特性のそれとして叙述してもさしたる不都合は存しないと思ふ。だからそれは陽明学におけるあるモメントの崩壊過程でもあるわけである。

（三三一〜三三二ページ）

私はここで丸山が述べていることはきわめて妥当であると判断する。事は日本に限られたことではなく、その本場の中国においても宋明理学として一括りにされることが示すように、あるいは清朝考証学（自称「漢学」）の学者たちが一括して「宋学」とみなすように、朱子学と陽明学とは前提を共有する兄弟関係にある。もちろん朱子学が兄、陽明学が弟である。そして（世間によく見られるように）兄が生真面目に経学という儒教の家業を守ることに努めたのに対し、弟は奔放に自分の言いたいこと、やりたいことをする自由人だった。両者の相違はこの気質・性格にあるだけであって、漢唐訓詁学という「親世代」を批判し、隔世遺伝で今度はこの祖父に似ている清朝考証学から「親殺し」をされる運命にあった。

丸山はこの注を付けた当該箇所の本文において朱子学を以下のように規定する。

かくてわれわれは厖大な朱子学体系を蒸溜してそこに、道学的合理主義、リゴリズムを内包せる自然主義、連続的思惟、静的＝観照的傾向、といふ如き諸特性を貫く性格としてオプティミズムを挙げた。さうしてかゝる特性こそ朱子学が近世初期の思想界にかちえた独占的な地位をなによりよく説明する。（……）しかし徳川幕藩体制が「持続の帝国」でない限り、そ

こにおける国民生活は長く静止的＝固定的なものでありえない。（二九～三〇ページ）

丸山の本書の眼目は、こうした朱子学的思惟が解体され、近代的な思惟様式を思わせる徂徠学が成立する過程とその後の展開（本居宣長への断絶性と連続性）を描くこと、すなわち第一の引用文中に言う「近世初頭において普遍的であった思惟方法乃至精神態度がいかに変化したかを説くこと」であった。朱子学は丸山にとっては初期条件なのである。

ただし、この初期条件は日本独自に生まれたものではない。朱子学が中国を発祥の地とするからだ。そうしてここに丸山の、いかにも昭和初期に人間形成を遂げた世代にふさわしい中国観が披露される。なお、もともと戦時中に書かれたこの文章において、丸山は当時の用語法に従い（前述の三島が一九七〇年でもまだそうしていたのと同じく）「支那」を用いていた。その後に印刷された本書ではシナと表記されている。そもそも本書の書き出しが以下のようであった。

ヘーゲルはその「歴史哲学緒論」においてシナ帝国の特性を次の様に述べてゐる。（三ページ）

以下、ヘーゲルの有名な言辞、中国においては古来ずっとひとりの専制君主が政府を指導し国法を定めてきたとする叙述を引用している。ヘーゲルがそう語ったとき、中国はまだアヘン戦争以前の状態にあった。中国史研究において今でも近代の始まりを一八四〇年のアヘン戦争に置くのが一般的であることが示すように、彼ら市民革命の最中にあった西欧人にとって、中国は眠れる獅子、持続の帝国にほかならなかった。「いはゆるシナ歴史の停滞性」（丸山、四ページ）である。丸山はこれを思想史に当てはめる。

> ところでこのことはシナ歴史における儒教の地位と密接な関連がないだらうか。（……）いくたびか王朝は亡びまた興つたが、多少の盛衰はあれ儒教はつねに新王朝によつて国教的な権威を保証されえたのである。これは儒教道徳成立の前提たりしシナ的な社会関係が絶えず再生産されたといふ事実と切り離しえない様に思はれる。（五〜六ページ）

さきほどの第二の引用文中に「徳川幕藩体制が「持続の帝国」でない限り」とあるのは、中国と日本との差別化を図る言述であるが、それは何らかの論証を経たうえでのものではなく、ドイツ人ヘーゲルが百年以上前に語った内容を前提にしたうえでの語りにすぎない。中国の儒教の展開においてなぜ朱子学が登場し、またなぜ宋以降の王朝がそれを新たな国教として採用したかに対する関心は、丸山には完全に欠落している。そもそも丸山は中国について論じるつもりが毛頭なかったのであろう。この点は後で紹介する島田虔次や守本順一郎との決定的な違いであった。

丸山は中国由来の朱子学が日本における近世的権力すなわち江戸幕府に所与のものとしてあったことから彼の物語を始める。

かうして、徳川期を通じて、客観的・主観的条件に助成されて思想界に支配的勢力を揮った近世儒教はまづその展開の第一歩を朱子学において踏み出すことになつた。（……）それは単にシナにおける儒教の展開の模写であらうか。もし然りとすれば近世日本の思想界はシナ帝国と同じく真の思想的対立を知らず、正しい意味における思想的発展をもたないことになる。（一三ページ）

「正しい意味における思想的発展」とは何を意味するのか、必ずしも明確ではないのであるが、ともかく中国と日本とは違うのだという前提で話が進んでいく。ただし、ここで江戸時代初期から朱子学（ないし儒教）が体制を支える思想として機能していたという事実認定については、その後尾藤正英『日本封建思想史研究——幕藩体制の原理と朱子学的思惟』（青木書店、一九六一年）や渡辺浩『近世日本社会と宋学』（東京大学出版会、一九八五年）が実証的に批判し、今では通説の地位から追われている。そもそも丸山がこのように前提したのは井上哲次郎の日本儒学三部作における朱子学、特に林羅山の位置付けに由来するわけであるが、本稿ではその検討は割愛する。

丸山が試みたのは「思惟方法乃至精神態度がいかに変化したか」の叙述だった。その必要から選ばれた思想家は朱子学派たる藤原惺窩・林羅山・山崎闇斎・貝原益軒、古学派の山鹿素行・伊藤仁斎、そして本書の中心人物たる荻生徂徠だった。ここで落としている熊沢蕃山について、彼はこれも「コメンタリー」において次のように述べる。

この時代における逸すべからざる学者にはなほ熊沢蕃山がある。しかし彼は理論的な思惟よりもはるかに具体的な社会経済政策において、さらに実際政治家としての経綸において偉大であつた。（……）当面の問題が徂徠までの学説史に存するのではない以上、彼をわれわれの系列から除く事も許されると思ふ。

（四三～四四ページ）

なお、大塩中斎については本書の扱う時代から外れることもあり、それ自体としての言及はない。巻末の人名索引によればただ二箇所、陽明学者の名を列記する先述の箇所（三二ページ）と幕府権力の監察組織が密告情報を得た事例として慶安の変、宝暦明和事件、シーボルト事件と並べて「大塩の乱」という表現が見えるのみである。陽明学の典型を中斎に見る三島由紀夫が憤懣やるかたない口吻を示すのもうべなるかなといえよう。

三　島田虔次

「大東亜戦争」のさなか、すなわち東京で丸山眞男が徂徠学に「近代的思惟」を見出していたころ、京都で陽明学から「近代精神」を発掘した研究者がいた。島田虔次である。彼は宮崎市定門下生のひとりであり、後にその地位を継いで京都大学の東洋史学教授となる。後述する「序」に書かれた本人の言によれば、一九四一年一月に提出した卒業論文をもとに一九四三年七月および一九四四年三月に『東洋史研究』誌上で発表した論文を「三たび書き改めたもの」が『中国における近代思惟の挫折』（筑摩書房、一九四九年）だった。その後、後述するように山下龍二の書評への反論を転載して一九七〇年に新版が刊行された。本稿ではこの新版から引用する。なお本書は二〇〇三年に平凡社東洋文庫に二巻本で収録されている。

その「序」は島田の問題意識を明快に語る名文である。意を尽くす要約は私の手に余るため、断片の接続の形で紹介する。

> 内藤湖南博士に従えば、中国の近代（宋・元・明・清）は、平民の発展と政治の重要性減衰という二つの根本的特徴を以て成立しているものである（『東洋文化史研究』所収「近代支那の文化生活」）。思想学術の分野においては、それは自由研究、自由批判のかたちで現れる。本書においてわれわれの展開したところの研究は、畢竟、博士のこの示唆より生まれたものに他ならぬ。
>
> （一ページ）

本書においてわれわれは、（……）心学における核心的なものとして其の人間概念の成立と発展とを迹づけ、かかる人間概念を抱懐する心学者達の実践をかえりみることによって心学運動の歴史的社会的意味を探り、その逢着した運命の必然を近代中国そのものの構造に関連して理解しようとするのである。（……）人間とは畢竟して社会的人間に他ならず、実践というも亦た究極においては社会的実践以外ではないのであり、更にその社会とは、此処に対象とする旧中国において、根柢的には、士大夫という極めて独特な性格のものを中核として構成せられているものに他ならぬ。士大夫の世界こそ勝義における「社会」であり、いわゆる庶民の其れは、かかるすぐれて「社会」なるもののいわば欠如態、あるいは周辺現象、として理解せられる。われわれの当面関心は、かくて、このような「社会」におけるものとしての旧中国的人間のあり方、に繋げられるであろう。

（二ページ）

思うに明代は、中国近代精神史のうえに独特の問題を提起した時代であった。中国近代の精神は此の時代において、いわばその極限にまで尖鋭化され、自らの生んだアンチテーゼの故に殆ど自壊しようとしたのであった。一言にして旧中国の精神を「礼教的」と呼ぶ。（……）然しそのような即自未分化なる精神が、宋代に入って理論理性的に自己分化をはじめ、明代においてその自律は完成せられようとしたのである。或いは社会理性に対して個人理性の独立化、自律化、と呼んでもよいであろう。それは近世に独特なる士大夫読書人の生活が産み出した必然の動向であった。否、そもそもわれわれが中国に「近世」を云々するのであるかぎり、このような動向は既に期待せられていたのでなければならぬ。ヨーロッパの近世においてみとめられる如き、所謂る文化形式の細分化、その自律性要求の傾向（学問の為めの学問、芸術の為めの芸術など）は中国の近世においても亦た之を認めることが出来るのであって、われわれはその根柢に、人間の根源的能動性の確信に立ち自我の拡充を指向する止みがたきパトスと、またそれに相い表裏する合理主義とを特徴的なる精神態度として指摘したいのである。（一一～三ページ）

中国の近世性と近世の中国性――この両面を精確に認識せんが為めに近代中国史の主体たる士大夫の存在性格を把握すること、これ本書の中心課題をなすものに他ならぬ。（四ページ）

明清の精神史は連続しないかの如く言われる。然も史家は、明清をともに近代として一括するではないか。中国の近代とは畢竟して単なる政治的経済的体系にすぎないのであって、その精神史的基盤においては、実は両箇の時代なのであるか。（五ページ）

いくつか私なりに本稿の視線から注目すべき点を挙げておこう。

（一）内藤説を継承し、その思想史部分を充実させようとしていること

内藤湖南（虎次郎）の唐宋変革論、それによる宋以降近世説については紹介するまでもなかろう。京都大学の、しかも東洋史において宮崎に師事した者として、島田がこの学説を拳拳服膺したのは自然である。ただ、にもかかわらず内藤や宮崎が明の儒学を軽視していたこと、宋の朱子学と清の考証学を評価するのみであったことに対する違和感が、島田の初発の研究動機だった。

そこでは特に明清の連続性が強く意識されており、他方、宋代と明代との相違点が彼においては強調されることになる。

なお、上記引用中にも見られるように、島田は「近代」と「近世」を区別せずに使っている。この点を指摘されて新版の「あとがき」では「本書を通じて、近代という語のほとんどすべてを「近世」でおきかえるべきであった」と自己批判している（三二九ページ）。そうすると書名自体『中国における近世思惟の挫折』と改められるべきだったのかもしれない。しかし、思うにここには島田への批判者たちの側に内藤説に対する根本的な誤認が存する。内藤が言う「近世」は、実にmodernの意なのであり、彼は宋代から「いま」に至るまでを一つの連続する時代と捉え、それを「近世」と呼んだのである。その場合の「いま」は、彼がこの学説を構想した一九一〇年代、すなわち中華民国が誕生してまもなくの時点だった。現在の中国で一般的に行われている時代区分呼称では一九一九年の五四運動をもって「現代」が始まるとする。内藤の学説はまさにその頃誕生したのである。（なお、中国では一八四〇年のアヘン戦争から一九一九年の五四運動までの時期を「近代」とする。）いみじくも、

前掲の「序」ばかりか、この「あとがき」でも島田は「内藤湖南の宋以後近代説」と称しているのだ。本書執筆当時の宮崎市定は、私たちが近代と呼ぶ時期をまだ「最近世」と称していた（一九五〇年の『アジア史概説』など）。

（二）近代の指標として「自由」を挙げていること

その「近代」（私たちがふつう使っている用語であれば「近世」）の指標は「自由」だった。ここに丸山と同じくヘーゲルの影を見ることは的外れではなかろう。「自由」は世界中に妥当する普遍的な指標として「中国の近世性」を見出すとともに、特殊中国的な「近世の中国性」を発掘するための道具的概念とみなされている。これもまたヘーゲル流であるが、ヘーゲル自身がその存在を認めなかったアジア（彼の生存時にはまだ江戸時代だった日本を含む）にもそれがあるはずだとした点で、ヘーゲルの学説自体とは異なる。そして、この点もまた丸山と同じ問題意識（＝丸山は日本に対して、島田は中国に対して）である。ふたりとも戦時中の日本において儒学のなかでも特に軍国主義を賛美・保証する思想資源として用いられていた流派、徂徠学と陽明学とを見事なまでに逆の視点から再評価してみせている。おそらくふたりが戦時体制の思想状況に対して抱いた感情は類似するもので、敵の好むものをもって敵を叩く戦法を採ったのであろう。

（三）朱子学と陽明学との相違を強調すること

上述（二）ですでに述べたように、島田は明清の連続性を意識することに目的を置く一方で宋と明との相違を強調する。彼の言う「近代思惟」はあくまでも明において陽明学として生まれたのであり、それは朱子学には無いものだとされた。島田は朱子学を旧套な思想と措定し、陽明学に「近代思惟」を見ようとして殊更に両者の相違を強調する。それはまさしく丸山が徂徠学に「近代的思惟様式」という性格を与えるために朱子学を旧套な思想としたのと相似している。ただし思想史の実態からすれば、陽明学が朱子学の心学的側面をより一層強めたのに対して、徂徠学とはそうした心学的な構えを仏教の影響を被った非儒教的なものとして批判している（その点で清朝考証学と共通する）。つまり、丸山の所説と島田の所説とは朱子学を挟んで面対称の関係にあると言ってよい。これは丸山が政治が自然観から自由になる過程（自然から作為へ）に近代の核心を据えたのに対して、島田は個々の人間が自由に思考することに近代の特性を置いたことに由来する。この点については以前拙稿「二つの心——朱熹の批判、朱熹への批判」（『日本中国学会報』五七集、二〇〇五年）で論じた。

（四）陽明学がパトスによって生まれたとすること

上掲引用文中で、島田は近代の指標として「人間の根源的能動性の確信に立ち自我の拡充を指向する止みがたきパトスと、またそれに相い表裏する合理主義とを特徴的なる精神態度」を挙げている。合理主義は三島の引用文ではラショナリズムと英語で呼ばれ、丸山眞男ら「東大教授」に特徴的なものとして批判されていた。島田は合理主義が近代精神に必須であることは認めたうえで、つまり朱子学にもそれがあったことを内藤説にしたがって前提としたうえで、もう一つの要素として「止みがたきパトス」を掲げている。吉田松陰の「やむにやまれぬ大和魂」を思わせるこの表現こそ、陽明学の精神を述べていると捉えてよかろう。それはまた丸山が陽明学者たちのなかの朱子学的要素を「静的＝観照的」と表現していたことにも通じる。島田は本書で大塩中斎や吉田松陰に言及してはいないけれども、昭和初期に教育を受けた者として、パトス（＝感情的・熱情的な精神）という語から彼ら日本の陽明学者を連想していたに違いない。それを本家本元の中国の陽明学者たちをも動かした精神とみなし、ただしそこに近代性を措定するというのが島田の陽明学観であった。それは内藤、宮﨑、（そして島田は名を挙げていないものの京都学派の中国哲学の重鎮であった）狩野直喜ら、京都の学者たちが嫌っていた陽明学を賛美するための手段であった。なお、狩野は、同世代の同僚で陽明学を信奉していた高瀬武次郎について全くと言ってよいほど語っておらず、京都支那学において高瀬はまるでそこにいなかったかのように扱われている。島田は、彼自身にそのつもりがなかったにせよ、高瀬が傷つけてしまった陽明学の名誉を回復する作業をしたことになる。

島田の本書は以上の「序」の後、第一章「王陽明」、第二章「泰州学派」（王心斎に始まる流派）、第三章「李卓吾」（泰州学派の流れに属すとされる思想家）へと至り、最後に第四章「一般的考察」が置かれている。その第三章冒頭では「陽明より泰州派へと発展した心学は、いまや名教世界より逸脱し、それと相容れざる対立者となり了った」とし、その動きを「「社会」に対して真実に「個人」

であり得ようが為め」と表現する（一六一ページ）。しかし、第四章で言うところによれば、この動きは近世＝近代の担い手だった士大夫たち自身によって拒絶され、近代思惟のそれ以上の展開は挫折する。「李卓吾の獄死こそ中国の近世が遂に市民的近世となり了らなかったという運命的な事態の、一つの的確なる象徴であったということのみである」（二六九ページ）と本書の本文は締め括られている。

新版では補論として「王学左派論批判の批判」という一章が『史学雑誌』六一巻九号（一九五二年）から転載されている。これは山下龍二による島田説批判に対する反駁である。山下による批判というのは、論文「明末に於る反儒教思想の源流」（『哲学雑誌』七一一号、一九五一年）と『斯文』三号（一九四九年）所載の島田本書への書評とを指す。島田による反論の要点を私なりにかいつまんで言えば、まず山下による批判は島田の文意を充分読み込むことをせずに彼自身の前提をもとになされていて筋違いであること、李卓吾について同じ事象を他と比較して特異と捉えて高く評価する（島田）かその限界性を指摘する（山下）かという見方の相違であること、「近代性」とか「思想」とかいう術語に求めるものが山下とは異なるのだという指摘とからなる。論文後半は、陽明の門人としてともに「左派」（良知現成派）に分類される王龍渓と王心斎の異同と李卓吾との関係についての山下の所説に対する実証的な反論である。

なおその文中で「私は最近丸山眞男氏の高名な二論文を非常な感銘をもって読み」と言っていることが注目される（二九一ページ）。その具体名は紹介していないのだが、この告白は李卓吾と安藤昌益の相違を述べている箇所で「日本の思想家と中国の思想家の相違をいろいろ考えさせられた」（二九一〜二九二ページ）に続く文脈のなかに登場する。この論文が掲載された『史学雑誌』は一九五二年九月発行で、丸山の『日本政治思想史研究』公刊は同年一二月だから、これは前掲書それ自体ではなく（「二論文」とも言っているので）そのもとを成したものであろう。やがて『日本政治思想史研究』第二章と成る論文は安藤昌益を本居宣長との対比で論じており、「二論文」にこれが含まれるのはまちがいなかろう。ともあれ、この一九五二年時点で島田が丸山に注目していたことは（当時の丸山の令名からは当然であろうが）興味を惹くし、また逆に、丸山は島田の本書を読んだのであろうか、読んだとすればどういう感想をもったのであろうかに興味が湧く。もし『日本政治思想史研究』の執筆中に彼が島田論文を読みえていたならば、「そのかなり大部の著書の中でわづかに一頁のコメンタリーを陽明学に当ててゐるに過ぎない」（三島由紀夫）ということは無かったかもしれない。さらにいえば、三島が島田の研究に馴染んでいれば、あそこまで嘆くこともなかったかもしれない。

さて、島田の新版「あとがき」には、もうひとりの島田批判者、岩間一雄への反論も載っている。ただ、まだその時点ではきちんとした論考になっておらず、岩間の承諾を得たうえで自分の彼宛書簡を引用紹介するという形式が取られている。岩間は後で論じる守本順一郎のもとで学び、師説を継承してマルクス主義的観点から陽明学を朱子学の連続的発展形態、「孝」というアジア的な家族内倫理に活路を求めた封建体制側からの弥縫策として捉えていた。その所説は『中国政治思想史研究』（未来社、一九六八年）にまとめられている。島田は「社会科学者たる学兄と人文科学者たる小生とのそもそものかまえの相違」という言い方で論述作法が質的に異なると伝えている。島田が例示しているのは岩間が宋以降が封建社会であることがこれまでの研究で明らかになったと書いている点で、島田は示唆にとどめているものの、これは東京大学の仁井田陞・西嶋定生らいわゆる「歴研派」の史的唯物論によって内藤・宮崎説を批判すべく提唱された見解であり、当時の定説でないのはもちろん、島田には従いえない一学説に過ぎなかった。私なりに解釈すれば、「明代は宋に始まる封建社会なのだから、その時代の支配的言説は封建的思惟に基づくはずだ」と理論・枠組みを先行させる守本・岩間ら「社会科学者」の研究作法（それが正鵠を射ているかはともかく、島田には皮肉混じりにそう見えた）に対して、言述の内容に即してその著者の思想を解釈したうえでそこに「近代性」が見られるかどうかを判断する「人文科学者」からの違和感の表明ということであろうか。

島田はのちに岩間への反批判を「ある陽明学理解について」（『東方学報』四四集）と題する文章にまとめている。現在は『中国思想史の研究』（京都大学学術出版会、二〇〇二年）に収録されている。そこでも「氏の批判に対しては、マルクス主義者でないわたくしとしては、それほど大きな意味を認めがたい」と、議論の前提が共有できていないことを訴えている（『中国思想史の研究』二八六ページ）。

島田は陽明学を「左」に位置づけた。そうすることで、一方では戦争賛美の「右」言説に利用された陽明学を救い出し、他方では朱子学の補完勢力とみなして「右」に据え続けようとするマルクス主義者を批判したのである。

四　荒木見悟

荒木見悟の研究手法は島田と対照的である。江戸時代の福岡藩以来の漢学の伝統と蓄積を継承する九州大学に学び、母校で教えて後進の指導にあたったほか、その著作は学界内部で広く読まれて影響を与えた。今でも陽明学研究を志す研究者にとって必読の文献たりつづけている。

荒木の論文の書き方は丸山や島田と違い、方法論的に問題意識を明確にするのではなく、具体的な史料を紹介しながら思弁的な解説を付していくスタイルである。そうした中で、同じ九州大学にいた岡田武彦の頌寿記念論集として編まれ九大関係者が論文を寄せた『陽明学の世界』（明徳出版社、一九八六年）の「序」には、彼の陽明学に対する見方が他者の研究を意識しながら説かれている。

試みに問う。なぜ性善説に対して無善無悪説が唱えられたのか、なぜ情を尊重する気風が勃興し、詞章文芸の世界にまで新運がもたらされたのか、なぜ多年活力を失っていた仏教が頭をもたげ始めたのか、なぜ儒仏調和論や三教一致を提唱する者が続出するに至ったのか、なぜ庶民教化の必要性が注目され、庶民階層の自覚が高まって来たのか等々。これらは、単に朱子学と陽明学との全面的同質性を前提とするだけでは、とうてい説明し尽されない性格を内包しているはずである。そこにはやはり陽明の出現が、思想史上に大きな屈折をもたらす契機となったとすべき理由があるとしなければならぬであろう。もしそうだとすれば、等しく天理・人欲を口にし、心と理との一致を語り、五倫五常を肯定するにしても、朱子学と陽明学とでは、その意味合が異なるのではないか、その間にずれがあるのではないか、それは何を基点として生じて来たのかという反省を、喚起せずにはおかないであろう。こうした反省の上に立って、いま一度『伝習録』乃至『王文成公全書』を読み通す時、ようやく朱子学と陽明学の異質性を見定める眼が開けて来るのである。／右にのべたように、『伝習録』を真に理解するためには、ただ単に『伝習録』だけに膠着しないで、それと同時代の思想状況と、それに続く明末思想界の動向を大観するのが、きわめて有効な方法なのである。内側からの読解と、外側からの照射と、両々相まつ必要があるのである。（四ページ）

荒木の他の諸論文を読み知った者にはいささか意外な、平易で明瞭な記述である。ここから彼のあの難解・深淵な諸論考はこうした問題意識で執筆されていたことがわかる。

なお、この序文に次のような記述があるのは一九八〇年代という時代性を告げており、「思想史」史の資料として貴重かもしれない。

なお今日、中国においては朱子学を客観唯心論、陽明学を主観唯心論と規定し、同じ唯心論線上に連なりながらも、陽明学がその観念性がより強い点において、朱子学をしのぐ悪質な思想であり、反人民的であるという議論が一部に見受けられる。この理論によれば、陽明の出現は、まさに思想の進展を逆行させたことになる。とすれば、陽明以後の思想界の前向きの動きは、どう解釈されるのであろうか。再考の余地があるであろう。（六ページ）

私（小島）が学生だった一九八〇年代、朱子学・陽明学についての人民共和国内の先行研究は千遍一律にこの枠組みで書かれていた。四〇年後の現在、陽明学もまた儒家思想の中のまっとうな一流派と認められ、政府によっていわゆる「中華民族」が世界に誇る思想遺産・文化伝統として称揚されていることに隔世の感を禁じえない。陽明学を朱子学よりも悪質な反動封建思想と規定する見解は、島田を批判した岩間一雄のように日本国内でもマルクス主義に基づく研究者たちによって主張されていた。なお、本稿では具体的紹介を割愛するのでここでひとこと言及しておけば、「中華民国」においては一九七五年まで在世していた蔣介石が陽明学を崇敬していたこともあってその公的な評価は高く、一九八〇年代においても現代新儒家牟宗三に代表される陽明学研究者たちが朱子学より優れた思想として語っていた。

さて、荒木は島田と同い年で一九五〇年ごろにはその研究姿勢と陽明学評価をほぼ固めていたのであるが、長寿を得たこともあり、一九九〇年代まで旺盛な執筆活動を展開した。『陽明学の位相』（研文出版、一九九二年）の「あとがき」では自分のこれまでの論文が陽明学の全体像を描きえていなかったと回顧し、良知説の登場が肯定・否定双方の立場から明末思想界を活性化したことを「あの中国思想史にしばしば出現する正統と異端の応酬」と評したうえで、次のように述べている。

良知説の位層を見定めるには、内側から良知の骨格を構成して行くとともに、外側から良知に投ぜられる批判・反逆・妨害の性格を解明してみる必要がある。これら陽明批判の潮流も、実は良知説によって決壊した堤防から流出したものであるかも分からないとすれば、良知説は自らを育成しつつ、逆に自らに泥土をかぶる道を切り開いたということになる。（……）従来の陽明学研究に欠如していた何ものかを補充し得る面があるとすれば、分相応の喜びとすべきであろう。（三七八ページ）

良知説をもって陽明学の中核に据える立場、中でも良知現成を主張する王龍渓を王陽明の思想を発展的に受け継いだ思想家として特筆し、彼の門流に対するさまざまな批判（陽明学の内部からも含めて）との対決を重視する思想史観をあらためて表明した一節である。次に掲げたのは龍渓が陽明の聖人観を受け継いだことを総括する記述である。

天理人欲一体・仏即魔という人間洞察は、更に一歩を進めるならば、各個人は個性をもてるがままに、箇々円成であり、「大なるものは大をなし、小なるものは小をなし、外に慕うことを仮らずして、具足せざることなし」（伝習録、巻上）ということになる。論語（為政）

に「君子は器ならず」とあるが、まさに君子は「坦蕩として自由」（龍渓集、巻三、金波晤言）なのである。「聖人の学は心学なり」とは、王門における相言葉であるが、それは良知心学によって個々の人間は、才能・身分の種別を越えて、聖人たることを保証されているということであろう。ここに先に取り上げた「満街の人はすべて聖人」という語のもつ深意が、あざやかに再確認されるのである。

（一〇一ページ）

そしてこの思想はさらに過激化し、それによって反発を呼び起こす。

龍渓の良知現成説は、後述する無善無悪説と合体し、格套にとらわれず、形迹を検点せず、格式を無視し、毀誉をかえりみず、できるだけ縄墨を破棄し、混沌無より生機潑剌たる真血脈路を切り開こうとする。（……）李卓吾の着眼点もそこにあったのであろう。こうなれば、朱子学の流れを汲む穏健派からの攻撃を受けるのはもちろん、王門内部にもその行き過ぎを責める声があがってこざるを得ない。そしてそこに共通にみられるのは、良知現成は何らの習練もなく、深い体認もないままに、大豪傑を気どり、規矩法度を思うがままに蹴散らして前進するのを天然の自由だとする主張への危惧である。

（一一八ページ）

龍渓の投じた一石は、たしかに明末思想界を混乱におとし入れる原因となったであろう。だがそれは単に混乱という否定的表現に尽きるものなのか。あるいは自由な思索と行動をほしいままにする自由意志の開発であったのか、慎重な検討を要するであろう。（二四七ページ）

荒木は「自由」という語によって陽明学の特性を形容する。この「自由」が当時の文献にも登場する禅語としての「自由」なのか、近代西洋思想のfreedomやlibertyの翻訳概念としての「自由」なのか、定かではない。荒木自身、その区別を特段意識していないのかもしれない。だが少なくとも、格套・格式に拘束される朱子学には存在しなかった「自由」さが陽明学の良知説にはあること、それが明末思想界における主要な論争課題になったという指摘には、陽明学に「近代思惟」の萌芽を見出そうとした島田と共通する解釈だとしてよかろう。

そもそも荒木が「良知現成派」に分類する王龍渓を高く評していること自体、島田の「左派」評価と共通する。陽明学の「左派」という言い方は中国で嵆文甫が一九三四年に『左派王学』（開明書店）で使用したことに始まるとされる。島田にしろ荒木にしろ、陽明学自体を「左」側に据えようとしたからこそ、王龍渓や王心斎、さらには李卓吾に注目して検討することになったものだろう。王陽明の教説は（右派・正統派とか良知帰寂派・良知修証派ではなく）左派＝良知現成派によって継承・発展したのだとするこの歴史認識は、陽明学を「左」に置こうとする意図が先行しているがゆえの、すでに定まっている結論だった。そして、そうすることで日本や中国のマルクス主義者たちが陽明学を朱子学よりも「右」に据えたことを批判する所以でもあった。

しかし振り返れば、そもそも王陽明の正嫡をもって任ずる黄宗羲は、王龍渓・王心斎・李卓吾ら「左派」を口を極めて非難していた。彼ら良知現成派を、黄宗羲のように陽明学の逸脱集団（極左？）と見るか、「近代性」や「自由」を求めた王陽明の正統的な後継者だとするかは、そう論じる当人が陽明学に何を見たいかに由来する。ここで確実に言えることとしては、島田にとってと同様、荒木もまた陽明学が「左」に動いたと思いたかった、それゆえに陽明学のなかのそうした面を重視し強調しつづけたということである。

五　守本順一郎

守本順一郎は東京大学経済学部を卒業し、名古屋大学の法学部で東洋政治思想史を担当した研究者である。彼は『東洋政治思想史研究』（未来社、一九六七年）において、朱子学を封建的思惟の中国的形態とみなし、したがってその時代を中世に属すると断じる。これは丸山眞男の朱子学観、すなわちこれを停滞せる中国を象徴する思惟様式とみなした所説への批判という面を持ち、中国においてもアジア的思惟（諸子百家）、古代的思惟（大乗仏教、なかんずく華厳思想）、封建的思惟（朱子学）という形でマルクス主義者が信奉する世界史の基本法則における思想史的表れが見られることを論証しようと試みた著作である。もっとも、これもまた初めに結論ありきの典型的研究であって、その記述内容には実証面からいろいろと無理があること、丸山説に勝るとも劣らない（「劣るとも勝らない」と言うべきだろうか）。

同書「展望」には次のような記述が見える。

陽明学における「孝」論の拡大は、中国封建社会の、また封建的思惟＝朱子学の中に内包せられていた、フューダルなるものとアジア的なるものとの対抗の決定的な思想的表現であり、ここに朱子学に始まる封建的思惟展開の第一段階が終焉することとなるのである。（……）他方また、この拡大を促迫したものが実は直接生産者＝佃戸の生長によるアジア的契機の切断、すなわち純粋にフューダルなるものの現実の進行にあったが故に、陽明学にまたその色彩をも添えるのである。陽明の説いた士農工商の職分論こそ、それであろう。かつて朱子学において示された、封建的身分の血縁的自然＝五倫が、ここでは、かのトマス主義の有機体的自然＝分業論にも比すべき職分論を生んだのである。（三三三〜三三四ページ）

つまり、陽明学は朱子学よりも「アジア的なるもの」としての色彩が強く、その分、反動でもある。守本は（当時の）マルクス主義的西洋思想史において中世封建制の典型的思想とみなされたトマス＝アクィナスの分業論が王陽明の職分論と同じ位相にあったとし、陽明学が（近代思惟ではなく）封建的思惟である有力な論拠とした。この件の精密な論証（という名のマルクス主義の教条的な当てはめの）作業は岩間一雄が引き継ぐことになるのだが、守本はこの点（陽明学が封建的だとすること）において丸山の陽明学評価に近い内容を述べているといえよう。

『日本思想史（改訂新版）』（未来社、二〇〇九年）は、新日本新書として上中下三巻本で計画され、一九七四年に上巻が刊行された。ところが著者守本が一九七七年に死去したため、中巻と下巻は守本の他の著作、講義の録音テープ、受講生のノートなどをもとに岩間が編集して一九八二年に刊行し、その後合冊して未来社から刊行されたものである。陽明学が登場する江戸時代の部分は下巻に属すので著者の定稿ではないものの、編者の岩間自身が中国陽明学の研究者として守本の学説を継承した研究者であるので、ほぼ守本の所説ととってよかろう。

朱子学は、もちろん、封建の論理の完成であるから、それ自体のうちに、全体と個別、外面と内面との両面を具えているのであるが、王朝官僚ないし幕府イデオローグの手によって担われる朱子学においては、全体と外面へウェイトがかけられ、規範主義化するのは、むしろ必然であろう。これに対して、個別＝内面にウェイトをかけるエートス追求が陽明学のものであることはいうまでもない。史上あらわれる朱子学、陽明学の対立は、まさにこのようなものであった。

（三〇九ページ）

陽明学は、以上に見たように、格式旧套＝規範主義化する全体的＝形式的朱子学に対して、個別的＝内的エートスの裏付けをもってこれを補強するものであった。その歴史的性格がフューダルなものであることはいうまでもない。

（三一五ページ）

陽明学は朱子学が支えていた封建的社会秩序＝徳川幕藩体制を補強する役割を果したというのだ。陽明学の日本における代表的思想家として、守本は中江藤樹・熊沢蕃山・大塩中斎の三人を選んで論述する。それぞれについて端的にその特質を述べた箇所を抜き出してみよう。

藤樹の孝の思想は、近世初頭の家父長的な編成をとった封建的な村落共同体の頂点に位置する、武士＝封建家臣と精神的なつながりをもつ、郷士格の高持大百姓＝初期手作地主――いわゆる「日本的豪農」の近世初期的形態――の、その二重性を示すイデオロギーとみることができる。

（二九八ページ）

以上のように、蕃山の中には、朱子学的な全体的・形式的な格套への批判がひとつのライト・モティーフとして存在しながらも、その藩老としての地位＝視点のゆえに、朱子学的規範主義、徂徠学的「政治」論、国学的「性情」論が、同時に併存していた。それは、個別具体的な内的主体的エートス論の、近世初頭外様大名藩老というある個別具体的場におけるひとつの結晶であったと見ることができる。もし陽明学をもって、個別具体的な内的主体的エートス論と考えるならば、蕃山の思想は、それがこれら非陽明学的要素を含むがゆえに、かえって、陽明学的だ、と言うことができるであろう。

（三一〇〜三一一ページ）

内的エートスにめざめた大塩は、「只だ力を現在の吏務に尽すのみ。」とする。だがしかし、彼は、虚名がひろがるのを見て、致仕帰休するのである。この点からしても、彼の吏務尽力は、プロテスタント的なあの禁欲的な職業倫理であるよりは、陽明学の事上磨練であると見るのが自然である。

（三一九ページ）

大塩についての論述で「プロテスタント的なあの禁欲的な職業倫理」という表現が否定の言葉を伴って登場しているのは、戸谷（とや）敏之がマックス・ウェーバーの著名な学説を応用して大塩の禁欲的倫理をプロテスタンティズムの経済倫理に比定しようと試みた研究を批判したものである。戸谷は法政大学で小野武夫・大塚久雄に師事した経済史学者で、召集により従軍し、三四歳の若さでフィリピンで戦死している。守本は（というより、ここの講義ノートの記録者は）「戸谷敏之氏の、著名な研究」とだけ述べて具体名を挙げていない。推測するに、戦後の一九四八年に刊行された小野武夫還暦記念論文集刊行会編『日本農業経済史研究上』（日本評論社）に掲載された、戸谷が応召前に書き残していった「中斎の『太虚』について——近畿農民の儒教思想について——」を指しているのであろう。守本は戸谷が『近世日本農業経営史論』（正確な書名は『近世農業経営史論』で、日本評論社から一九四九年に刊行された。つまり著者没後に編集刊行された）で提示した「近世日本の地帯構造把握」に言及する。戸谷は江戸時代の摂津国に見られた「特殊西南日本型農業経営」の担い手たちが「通則たる西南型の前に圧倒されていく」状況に中斎が直面しており、「この流れに抗する行動こそ大塩の蜂起」だと捉えた（と守本はまとめる）。

> 大塩をあの激しい行動へと駆りたてたものが果たして近代的なプロテスタント的なエートスであったとするならば、これをはるかに用意した陽明学そのものも、あらためて見直されねばならない。現に中国陽明学に関連して「近代思惟」を語る論者もいることからするならば、大塩への検討はひとつの欠くことのできない論点である。（三一六ページ）

守本は名指しをしていないのだが、「中国陽明学に関連して「近代思惟」を語る論者」が島田虔次であろうことは言うまでもない。

戸谷が大塩中斎にいわば近代的思惟の萌芽を見出そうとしたのに対して、守本はそれを否定し、彼があくまでも封建的秩序の維持を志向した人物だったと位置付ける。それは陽明学者たる中斎をそう評することによって陽明学のなかに近代性を発見しようとする試みを否定するための、守本の拒絶であった。要するに、守本は陽明学を封建制度を補強する思想であると規定する自身の学説を守るべく、ウェーバー流の禁欲との異質性を殊更に力説したのだ。この前後の叙述を読むに、その論理は実証性に乏しいように私には見えるのだが、しかしそれは守本の陽明学観を如実に示す好例となっている。陽明学に近代性を認めてはならないのだ。

大塩中斎については特に彼の個人的性格が特筆されている。

> だが、大塩は激情の人であった。不正に怒りを発して硬骨魚金頭の骨をバリバリと噛みくだいたというエピソードは、彼の激情の一端を示している。この激情は、中国陽明学派の人びとに顕著な性格である。陽明その人が自ら「狂を病む」と称したことも著名な事実であり、「素王」を称した布衣王心斎も、自ら道を天下に宣布せんとして古礼の衣服に身を固めて王都に旅せんとする激情者であった。（三二〇ページ）

このあたりの叙述（＝講義）に三島由紀夫の影を感じても見当違いではあるまい。少なくとも三島が大塩を通じて陽明学に求めたのと同じものを、守本も必要としていた。前者が大学の研究者たちを批判すべくその激情ぶり（「狂」性）を称揚したのに対して、後者は自身が信奉するマルクス主義の歴史観を実証すべく彼らの非近代性を言あげしたのである。同じ事象を取り上げながら両者は視点、というよりは視線を全く異にしている。ただし共通して、陽明学に明るい近代性、人間社会の平等や欲望肯定のヒューマニズムを発見した人たちの解釈を否定する立場に、彼らは自分の身を置いた。「右」の人たる三島は陽明学を「右」のものとして肯定し、「左」の人たる守本は陽明学を「右」のものとして否定したのである。守本は一九二二年、三島は一九二五年の生まれであり、学徒動員世代に属する東京帝国大学の学生として「大東亜戦争」期を過ごした。三島は一九四七年に法学部を、年上の守本は遅れて一九五〇年に経済学部を卒業している。

おそらく三島事件の後であろうと思われる以下の叙述は、戦争翼賛に与した陽明学思想への守本の嫌悪の感情を窺わせる。「リアリスト蕃山」と比較しての批評である。

> 大塩は、ひとしく個別的内実の主体的エートスの追求者でありながら、この点で対比して見るならば、その対極に立つ人物である。リアルで冷静な判断とは正反対の狂気と行動の人物であろう。ここでは、個人の修身が全体の平天下に連続するという、すでに人びとの信じなくなったオプティミズムが、個的エートスの高揚に支えられて、まさに激情と行動に支えられて復活するのであろう。だが、大塩挙兵の構成を見ると、与力同心が中心を占めており、新たな生産力的性格を担うべき百姓は従たる位置を占めるにすぎない。ここには、武を武士の手中に独占せんとする大塩の武士的な体質が姿をのぞかせているように見える。
>
> （三二一ページ）

蕃山のリアリズムで「大東亜戦争」がらみの話題を一つ付け足しておけば、守本はこんなことを言っている。

たとえば、戦前のファッショ化の潮流の中で、儒教派＝金鶏学院の説くところは、蕃山のバランス論の系譜をひくものであった。すなわち、一方で、天皇絶対主義のイデーとしての拡大を説きつつ、他方現実の政治は天皇親政によるのでなく官僚制によっておこなう、というのである。天皇親政を実現しようとする急進的な軍部ファシスト等に対して見れば、そこにはひとつの官僚的な「リアル」な眼がある、と言ってもよいかもしれない。ちなみに、この時期の蕃山全集の刊行は、この派の人びとの手になる。
（三一三〜三一四ページ）

金鶏学院とは、かの安岡正篤が一九二六年に開いた私塾である。ここで三島由紀夫が「陽明学は一部の軍人や右翼政治家の専用品になつた」（前掲）と語っていたことが想起される。なお三島は安岡に親近感を抱いていたらしく、書簡を送ってそこでも丸山の悪口を記している（『決定版三島由紀夫全集補巻』新潮社、二〇〇五年、二三八〜二三九ページ）。ともあれ、守本が『狂気と行動の人物』中斎よりは、「リアリスト」蕃山にまだしもの好感を持っていたことが窺える。そして、これはまた丸山が蕃山を「具体的な社会経済政策において、さらに実際政治家としての経綸において偉大であった」と評したことと平仄が噛み合うものでもある。結局は丸山や守本のような「ラショナリスト」は陽明学を否定的に見るし、せいぜいその中では蕃山の功績を認めるくらいだということに帰着しよう。ただしそれは島田が批判的に述べた「社会科学者」ゆえの図式先行によるものではあるのだが。

本稿は特段まとめを要するような内容ではない。彼ら五人と同世代の山井湧・山下龍二の所説に言及することはできなかったが、この二人は陽明学を「左」に据えて朱子学との区別を強調しようとした論者（その点では島田・荒木と同じ傾向）だった。ただし（三島由紀夫を除いて）彼ら六人が西洋風の近代を賛美し、リベラリズムとマルクス主義と立場を異にしたにせよ、日本・中国などのアジア諸国もまたそのようになることを理想に思い描いていた人たちだった点は、この時期の陽明学研究がどのような磁場でなされていたかを理解するうえで必要であろう。

今や社会主義を国是とする人民共和国において「中華文明の偉大な復興」が叫ばれ、伝統思想の再構築が御用学者たちによって進められている。こうした情況下に日本で陽明学を研究することの意味は何か。日本の過去の学術を回顧・検討してみることは、私たち自身の立ち位置を確認するために必須の作業であろう。それは「歴史を鑑とする」ことなのかもしれない。

付記：本稿と一部重なる内容の講演「昭和中期の陽明学研究～丸山世代の研究者たち～」を東京女子大学丸山眞男記念比較思想研究センターで行い、同センターの研究報告第一八号（二〇二三年）に収録している。

報告

定理と「心」
——王守仁および王畿における実践の問題——

山路　裕

はじめに

王守仁（一四七二～一五二九）が、朱子学的定理観を乗り越えるべく、心即理を唱えたことは衆知の通りである。朱子学では、「理」は人に「性」として具わると同時に、外界の一事一物にもあると考える。外界の事物に存在するこの理を、朱熹は「定理」と考えて、安定的に捉えようとした。結果、朱子学の実践論では、外に向かって段階的に理を窮めていくことが求められる。このような朱子学的思考に対して王守仁は、それでは主体である心は受動的となって「定理」に従属することになると考えて、理は「定理」として心を疎外して主体に迫ってくるものではなく、他ならぬ心こそが理を立ち現わせると説くに至った。

王守仁の心即理説では、「理」は具体的な場において、実践課題に向き合う心がそのつど現出させるものとして考えられた。朱子学のように、具体的な実践の場に先在する「定理」として、外界の「事物」に求められるべきものではなかった。そうであるならば、心即理説では、心によって判断される「理」は一定の内実をあらかじめ持つことはなく、[1] 個別の実践課題に対する多様な行為様態を許容することになる。[2] 荒木見悟氏はそれを、「心の生みなす理が、客観的歴史的に伝承され形成されて来た条件や条理を、どの程度に尊重し、どのように取捨選択し、そこからどのような表現形式を構成するかは、すべて主体の判断に任される」と述べ、また「そこに生まれる決断の様式、工夫の仕方、条理認識の態度などは、千差萬別となり得る」と述べる。[3]

行為様態の多様性を認めるこうした心即理説では、心と規範とのありかた、とりわけ心と礼との関わりが問題になる。礼は、一般的に言えば固定された規範にほかならず、こうした規範のありかたが主体の判断によって千差万別となるならば、それはもはや規範と呼べるものではなくなるからである。陽明学が、荒木氏の言う「客観的歴史的に伝承され形成されて来た条件や条理」を尊重するものだとすれば、そのことと、心即理説において多様な行為様態が認められることとは、いかに折り合いがつけられるのか。本稿第二節までは、この定理と心の問題を、具体的事例に即して検討したい。[4]

第三節からは、考察の対象を王守仁の弟子である王畿に移し、『明史』王畿伝に見えるような、明末士大夫の独善的態度の責めを王畿に帰する批判や、その思想が非公共的・非社会的であるとの現代の見方について検討する。王畿の思想は、公共性や社会性といった、他者と関わる場を実際にその思想のうちに含んでいないのか、あるいは、規範を超越して独善的なものとなっているのか。この問題を、王畿が積極的に展開した講学活動を通して検討する。その際、王畿の思想を公共性・社会性という視点から取り上げた中島隆博氏の見解を導きとし、また王畿の講学活動の意義を論じた近年の小路口聡氏の研究を基本に据える。

第一節　喪礼における王守仁の行為

王守仁の「年譜」には、彼の父親の王華が没して百日後の出来事として、次のような話が見える。

> 百日の後、弟姪輩をして稍や乾肉を進めしめて曰はく、「諸子の豢養すること習ひ久しきに、其の能はざるを強ふるは、是れ其の僞りを作すを恣にするなり。稍や之れを寛くし、之れをして各おの自ら盡くすことを求めしめて可なり」と。越の俗にては吊客を宴するに、必ず餅糖を列ね、文綺を設け、鮮を烹 肥を割き、以て豐侈を競へば、先生盡く之れを革む。惟だ高年・遠客を遇するに、素食の中に肉二器を間へて曰はく、「齋素は幕内に行なふのみ。若し吊客をして孝子の食に同じくせしむれば、高年を安んじて賓旅に酬ゆる所以に非ざるなり」と。後 甘泉先生來り吊するに、肉食を見て喜ばず。書を遺りて責めを致すも、先生罪

を引きて辯ぜず。
百日後、令弟姪輩稍進乾肉曰、「諸子豢養習久、強其不能、是恣其作僞也。稍寛之、使之各求自盡可也」。越俗宴吊客、必列餅糖、設文綺、烹鮮割肥、以競豐侈、先生盡革之。惟遇高年・遠客、素食中間肉二器曰、「齋素行于幕内。若使吊客同孝子食、非所以安高年而酬賔旅也」。後甘泉先生來吊、見肉食不喜。遺書致責、先生引罪不辯。

『王文成公全書』巻三四「年譜三」、「(嘉靖元年)二月龍山公卒」条

右の引用では、王華の喪礼の場で、王守仁が弟や姪等に対して乾肉を進めたことが記される。その意図について王守仁は、弟や姪などにとって食肉の習慣が久しく、そのため食肉を禁じることは「偽りを作す」ことになるからだ、と言う。ここでは、食肉の禁止を無理強いすることが偽りの振る舞いを助長することであるため、禁止をゆるめることで、各自が自分のできる範囲で哀心を尽くせばよいとされている。

しかし礼によれば、「食肉」が許されるのは、故人の死後二五ヶ月目に当たる「大祥」になってからであって、(5) 死後百日後での「食肉」はタブーとされる。このほか、越(浙江)では、喪礼の場で華美に飾り付け、魚と肉を調理して奢侈を競う習俗があったようだが、右の資料からは王守仁がこれを改めたことが読み取れる。(6)

右の引用でさらに注目したいのは、弔問客のうち、年長の者と遠方より来た者に対して、素食(精

進料理）中に肉を添えることを王守仁が指示していることである。そして、弔問に駆けつけた湛若水は、素食に肉が並ぶのを見て不愉快に思い、後日王守仁に書簡を送って詰問したという(7)。ここでは、王華の喪礼の場で食肉が行なわれていることを見た湛が、王守仁を責めたことを確認しておきたい。

この時の喪礼における王守仁の行為をめぐっては、さらに次のような話がある。王守仁の弟子である王畿が、張元抃と裘子充が同席する場で語ったものである(8)。

予曰はく、「昔者、夫子の喪に居るや、有る時は客未だ至らざるに、慟哭して禁ぜず、有る時は客至るに、哭するに聲を出さず、哀を含むのみ」と。陽和 未だ哭せざるの意を諭らず、子充 予に質さんことを請ふ。予曰はく、「凶事には詔ぐること無く（『礼記』礼器）、哀哭は衷に由るを貴べば、客の至る至らざるを以て加減と爲すをせざるなり。昔人 喪に奔るに、城郭を見て哭し、室廬を見て哭するは（『礼記』奔喪）、自是り哀心の已む容からざるものなり。今人 哀しむと哀しまざるとを論ぜず、城郭室廬を見て哭するは、是れ乃ち格套を循守するにて、衷に由るに非ざるなり。客至りて哭し、客至らずして哭せざるは、尤も僞りを作すを爲す。世人僞りを作し得て慣れ、父母の喪すらも亦た此の術を用ひて、以て禮を守ると爲す。歎くべきのみ。毀つも性を滅せざれば（『孝経』喪親章）、哀しむも亦た是れ和にして、悟り得た時、即ち此れは是れ學なり」と。

予曰、「昔者、夫子居喪、有時客未至、慟哭不禁、有時客至、哭不出聲、含哀而已(9)」。陽和未論不哭之意、子充請質於予。予曰、「凶事無詔、哀哭貴於由衷、不以客至不至為加減也。昔人奔喪、見城郭而哭、見室廬而哭、自是哀心不容已。今人不論哀與不哀、見城郭室廬而哭、是乃循守格套、非由衷也。客至而哭、客不至而不哭、尤爲作僞。世人作僞得慣、連父母之喪亦用此術、以為守禮。可歎也已。毀不滅性、哀亦是和、悟得時、即此是學」。

『龍谿王先生會語』巻六「天山答問」

王守仁は、弔問客がまだ来ていないのに「慟哭」したり、反対に、客がいるのに声を出しては「哭」せず、ただ哀しさを滲ませるだけだったりした。これを聞いた張元抃が王守仁の行為の意図をはかりかねているところに、裘子充がその真意を王畿に問うた。

これに対し王畿は、哭泣の礼は他人から告げられずとも本心の自然なる発露としてなされる、という『礼記』礼器篇の文言[10]を踏まえて、哀哭という行為は、客が来たかどうかですることではないと答える。王畿の返答中に見える、「今人不論哀與不哀、見城郭室廬而哭、是乃循守格套、非由衷也。客至而哭、客不至而不哭、尤爲作僞」とは、実は類似の内容が北宋の司馬光の手に成る『司馬氏書儀』にすでに記されており[11]、王畿はここで別段新しいことを言っているわけではない。ここで注目したいのは、喪礼では客が来れば「哭」するものだという従来の常識を張元抃が抱いており、そのため王守仁の行為の真意を掴めず、その行為に疑問を抱いた、ということである。このことは、礼（定理）と心の関係を、王守仁および弟子がいかに捉えていたかを考えるうえで重要である。

第二節　多様な行為様態とその妥当性

右に見た王守仁の行為は、規範が主体に先立って決められているとする朱子学的定理観とは異なる。そのため、王守仁の行為様態の当否をめぐって、湛や張から疑問が出されるわけである。しかし、すでに確認したように、王守仁は客観的歴史的な条理あるいは規範を尊重していた。一部の人によって疑念を持たれた右の事例も、王守仁にとっては条理や規範を含んだものであったはずである。つまり王守仁は、思想においては規範を尊重する一方で、実践の様態は具体的な場における各人の裁量に委ねるのである。そうだとするならば、場に応じて異なりうる実践様態の拡散の中で、どのような行為なら合規範的と言えるのかという疑問が湧く。

確認しておきたいことは、さきに見た王守仁の行為は、彼と場を共有する人々からは問題とされなかった、ということである。弟や姪に乾肉を進め、また賓客の素食に肉を並べた守仁の行為は、湛若水には礼法をなみする行為に映った。しかし、その場に居合わせて王守仁の意図を知る者や、そうした経緯を知ったうえで、その出来事を王守仁の「年譜」にあえて組み込んだ銭徳洪・羅洪先にとっては、なんら瑕疵があるものとは見なされなかった。[12]「食肉」の例だけでなく、この喪礼における哭不哭という礼の実践についても、客が来れば哭すという常識が当時はあったが、衷心を伴わなくとも客がいれば哭すという、形骸化した「格套（きまり）」に王守仁は従わなかった。これらの行為は、総

じて「反定理」的ではあっても、反規範的ではないと言えよう。(13)

もう一点指摘しておくべきは、さきの「年譜」に見えていた、王守仁が湛から詰問を受けたときの、彼の対応の仕方である。王華の喪礼の場で、王守仁は「高年」「賓旅」をもてなすために素食中に「肉」を並べたが、後に弔問に来た湛はその様子を見て不快に思い、後日書簡を送って彼を責めた。この詰問に対して、王守仁は「引罪不辯」、つまり抗辯せず責めを引き受けた。それでは、王守仁のこの対応は、彼が湛の責めを全面的に承認して納得したことを意味するであろうか。おそらくそうではあるまい。王守仁は、弘治一二年の会試では『礼記』を選択して第二名で及第するほど礼に詳しかった。その王守仁が、喪礼時の食事に肉を並べれば非難されることを想像できなかったはずはないからである。重要なことは、王守仁はそのことを理解しつつ、あえて「素食」に肉を並べて責めを引き受けたこと。さらには、その行為はその場にいた人々からは指弾されなかった、ということである。「年譜」編纂者は、そのことを踏まえたうえで、あえて王守仁の当該行為を「年譜」に書き入れた。

このように見てくると、王守仁の行為様態が合規範的であるか否かは、具体的かつ現実的な場において判断がなされることにあることが分かる。それは、具体的な場における行為様態が、自他の認識において「理」だと判断されればそれでよいと考えられている、ことだとも言える。このことは、「理とはなにか」「妥当な実践様態はどのようなものか」という、規範の一般化や抽象化を拒むことにほかならない。大場一央氏が、王守仁の思想的特質を、自他の緊張関係の場において社会的価値が認められることに見て取り、その価値はあくまで個別具体的な場に即して認められる、と述べる(14)ことに発表者は賛同したい。

第三節　思想の閉鎖性と公共性

以上、王守仁の思想が、各人による多様な行為様態を認めるものであること、また、その多様な行為様態の妥当性は、自他が関わり合う現実的な場において判断されることを、具体例を通して見てきた。このような王守仁の考え方は、規範を否定するかに見える。しかし王守仁は、みずからが振る舞いたいように振る舞うだけの自己完結的な行為を、多様性の名のもとに認めるわけではない。王守仁にとって実践行為は、あくまで個別具体的な場で他者から吟味されねばならないのであって、それはそのままでは価値を持ち得ない。

本節では、王守仁の思想における規範と行為様態をめぐるこれまでの論述を承けつつ、考察の対象を王畿に移し、講学という場における具体的な思想（言葉）のやりとりに焦点を当てることにする。王畿を対象として取り上げるのは、その思想が後の時代から「士の浮誕不逞なる者は、率むね自ら龍谿の弟子と名のる（士之浮誕不逞者、率自名龍谿弟子）」（『明史』王畿伝）と指弾されたように、王畿が明末士大夫の「浮誕不逞（放蕩で自分勝手）」を招いた張本人と捉える見方があるからである。王畿自身、「予平生心熱し、多情に牽かれ、形跡を避(かく)すこと少なく、多口の憎を致來す。自ら信じて

以て天下 之れを非るも而も顧みず、中に動く所無きが若しと爲す（予平生心熱、牽於多情、少避形跡、致來多口之憎。自信以爲天下非之而不顧、若無所動於中）」（『龍溪王先生會語』巻四「火災自訟長語示兒輩」）と、行いを慎むことが少ないために謗られることが多いが、天下の人々がこぞって非としても、そうした非難を顧みない性格だと述べたことがある。[15] 王畿の思想は、このように、自己完結的な特質をもっているようにも見える。

ここで王畿の講学活動に焦点をあててみたい。それは、王畿が生涯をかけて注力したのが講学活動だったからであり、自己完結的に見える王畿の思想的特質は、この講学活動を通じて他者との間で立ち現れるものにほかならないと考えるからだ。そこで、講学という場を本節の背景として、論述を進めたい。

陽明学において「良知」は重要な概念であるが、中島隆博氏は、この「良知」が共感や同情といった心のはたらきを通じて万物を自己のうちに取り込むことで、いわゆる「万物一体の仁」が独我論に陥ることに言及して次のように述べる。

> 他者は自己の共感や同情が直接・即座に及ぶ相手とされ、それから逸れるような他者の影が消される可能性がある。そうなると、良知という自己の知にあらゆる他者を還元することにもなりかねない。[16]

さらに、『伝習録』下巻の王守仁の言葉[17]を引いて次のように述べる。

「この花はあなたの心の外には存在しない」という言明は、陽明の万物一体の仁が、ある種の独我論（外界や他者を自我に還元する議論）を免れないことを告げている。もしそれをどこまでも維持するのであれば、陽明は他者の問題を解決したのではなく、他者の問題を消去したことになるだろう。そのことによって、朱子学が否定的な仕方であれ垣間見ていた、他者とともにある公共的で社会的な空間は失わざるをえない[18]。

中島氏は、王守仁の「万物一体の仁」が、「ある種の独我論」に陥っていると指摘したうえで、そうした思惟においては「他者とともにある公共的で社会的な空間は失わ」れると述べる。続けて「その帰結は、朱子学以上に、悪を放逐してしまうことに極まる」とも述べる。そして、王畿と銭徳洪との間で交わされたいわゆる「天泉証道」を解説したのち、王畿の資料である「雲門問答」に、「悪」に対する王畿の考えを探るのである。

「雲門問答」で王畿は、良知は是非をおのずと判別できると述べ、このことを太陽がのぼると魑魅魍魎が消え去ることにたとえている[19]。中島氏はこれについて次のように解説する。

あくまで良知に徹していけば、太陽が昇って魑魅魍魎が一掃されるように、あらゆる悪はひ

> とりでに消滅する。だが、議論もここまで来ると、それはもはや一種の信憑であって、他者とともにある公共的で社会的な空間において検証できる事柄ではない[20]。

「雲門問答」を読むと、王畿は確かに、良知を致せば是非の判別は明らかになると述べており、これだけを見れば、右の指摘も頷ける。しかし、もし王畿のこの言葉のみをもって、その思想を「他者とともにある公共的で社会的な空間において検証できる事柄ではない」と判断するならば、筆者は疑問を禁じ得ない[21]。中純夫氏は王畿思想における講学の意義を「他者・社会に対する積極的能動的関与への志向性を内包するものであった[22]」とつとに述べ、また小路口聡氏に次のような指摘があるからである（引用文中強調のルビは小路口氏原文ママ）。

> 講学の場としての「講会」における同志たちとの「交修（交ごも修める）」が、良知の完全無欠性の上にあぐらをかいて、自己の良知の判断を安易に絶対化してしまわないためにも、良知心学には不可欠な「学び」のかたちであった。……良知心学の現場は、何よりも先ず、この講学の場としての講会にある。そうした意味で、「交修の益」とは、講学活動の性格を端的に物語った言葉であると言えよう。良知心学は、こうした参会者の良知同士が互いにぶつかり合う真剣勝負の場としての講学活動を通して、はじめて独我論的独善主義に陥ることなく、公共に開かれた、真の「実学」として身（ママ）を結ぶのである。良知心学と講学活動、両者

は、原理的に一体不可分なものである(23)。

小路口氏によれば、王畿にとって良知の判断は、講学という場において立ち現れるという意味で、その判断は「公共に開かれ」ているものである。だとすれば、王畿の思想を「一種の信憑であって、他者とともにある公共的で社会的な空間において検証できる事柄ではない」とは言えないのではないだろうか。

第四節　陽明学における講学の場――思想の公共性――

王畿にとっての講学の意義を考えるにあたって、まず師の王守仁が講学をどのように捉えていたか、その一端が垣間見える文章を示そう。次の文章は、『王文成公全書』所収の『伝習録』には収められていない佚文である。

一日市中鬨がしくして訽る。甲曰はく、「爾 天理無し」と。乙曰はく、「爾 天理無し」と。甲曰はく、「爾 心を欺く」と。乙曰はく、「爾 心を欺く」と。先生 之れを聞き、弟子を呼びて曰はく、「之れを聴け。夫の夫の哼哼たるは、講學なり」と。弟子曰はく、「訽るに、焉くんぞ學なる」と。曰はく、「汝聞かずや。曰はく天理、曰はく心と。講學に非ずして何ぞ」と。曰はく、「既に學びたるに、焉くんぞ詬る」と。曰はく、「夫の夫や、惟だ諸れを人に責むるを知るのみにして、諸れを己に反すを知らざるが故なり」と。

一日市中閧而詬。甲曰、「爾無天理」。乙曰、「爾無天理」。甲曰、「爾欺心」。乙曰、「爾欺心」。先生聞之、呼弟子曰、「聽之。夫夫哼哼、講學也」。弟子曰、「詬也、焉學」。曰、「汝不聞乎。曰天理、曰心。非講學而何」。曰、「既學矣、焉詬」。曰、「夫夫也、惟知責諸人、不知反諸己故也」(24)。

市中で二人が、「天理」や「心」という言葉を用いて、罵り合っている。はたから見れば単なる喧嘩であるこの光景を、王守仁は「講学」だと言う。それが講学だとしたら、学んだはずの人間がなぜなおも罵っているのかと、弟子は尋ねる。これに対して王守仁は、それは二人が相手を責めるのみで、自分に反省するということを知らないからだと答える。

ここで注目したいのは、王守仁にとって講学の場が、二人以上の人が互いに言葉を用いて、みずからの考えをぶつけ合う場と考えられていること。そして、どちらが正しいかということには言及されていないこと。この二つである。

これを踏まえて、王畿にとっての講学を考えてみよう。次に引くのは、王畿が唐順之と交わしたやりとりである。

荊川（唐順之）の府を維揚に開きし時に在りて、予を邀けば往きて會するに、時に已に病有り。春汎に遇ひたれば、日日に堂に坐して治命し、將に師を遣はし、防海の計を為さんとす。一日退食するに、笑ひて予に謂ひて曰はく、「公我を看るに老師の學と相ひ契ること有りや否や」と。荊川自己の作用の先師に擬ふ可きを信じ、故に此の問ひを為す。予故に之れを激して曰はく、「子の力量は固自り同じからず。良知を說くが若きは、還りて未だ致し得ざる在り」と。荊川色を作して曰はく、「我れ平生陽明の教へに佩服し、滿口の說く所、滿紙の寫す所、那些か是れ良知ならざる。公豈に我れを款らんや」と。予笑ひて曰はく、「是れ良知ならざると道ひ難きも、只だ未だ真の良知を致し得ず、未だ攙和を免れざる在り」と。荊川憤然として服せずして云ふ、「試みに舉げて看よ」と。予謂ふ、「（中略）」と。荊川憮然として曰はく、「吾れ過てり。友道は直諒を以て益と為すとは、虛言に非ざるなり」と。今履庵の與に說破するは、是れ往事を稱譏するに非ず。心同じければ學同じく、亦た因りて以て自ら交修の義を考へんと欲するなり。

在荊川開府維揚時、邀予往會、時已有病。遇春汎、日日坐堂治命、將遣師為防海之計。一日退食、笑謂予曰、「公看我與老師之學有相契否」。荊川信自己作用可擬先師、故為此問。予故激之曰、「子之力量固自不同。若說良知、還未致得在」。荊川作色曰、「我平生佩服陽明之教、滿口所說、滿紙所寫、那些不是良知。公豈款我耶」。予笑曰、「難道不是良知、只未致得真良知、未免攙和在」。荊川憤然不服云、「試舉看」。予謂、「（中略）」。荊川憮然曰、「吾過矣。友道以直諒為益、非虛言也」。今與履庵説破、非是稱譏往事。心同學同、亦欲因以自考交修之義也。

『龍溪王先生會語』巻五「南遊會紀」

「（中略）」で示した王畿の返答部分は、唐がそれを受けて納得する内容なだけに重要ではあるが、長文であるため省略した。いま注目したいのは、王畿と唐順之との間に生じた認識のズレが、講会の場でいかにして一致していくかという点である。

唐順之は、王守仁に直接教えを受けることはなかったが、王守仁の学問に賛同し、王畿とは学問上の交わりを持っていた。ここに引いたように、唐は晩年に倭寇征討に従事した際[25]、軍功のある王守仁にみずからをなぞらえ、そのことを王畿に問うたのである。これに対して王畿は、わざと唐の反発を煽るように、「もし良知のことを言えば、まだ十分（良知を）『致』せていない」と答えた。「致良知」は、王守仁が晩年になって唱えた極めて重要な教説である。王守仁を敬慕する唐が、これに反発しないわけがない。唐は、自分は口にすること、紙に書くことは、すべて良知でないものはないのに、どうして「良知を致」せてないことになるのか、王畿は私を軽く見ているのではないか、と詰るのである。王畿は笑って「良知でないとは言わないが、真の良知を致せてはいない」とかわす。唐は納得せず、「試しに例を挙げていただきたい」と王畿に詰め寄る。右の引用文では省略したが、そこで王畿は、唐が「治命」していたときの態度を具体的に挙げて、それらが「良知」から出るものでないことを指摘する。唐は、王畿の指摘を妥当なものだと考えて、みずからの認識の間違いを認めた。

王畿と唐順之の右のやりとりは、「致良知」をめぐる両者の認識の違いからはじまっている。王畿は王守仁の直弟子として、師の「致良知」説を親しく聞いていた。対して唐も、直接王守仁に学ぶことはなかったものの、王守仁の教えを尊崇している点にかけては、王畿に引けを取るものではないと自負している。その唐が、王畿から「真の良知を致していない」と言われて、「憤然として服」しないのは当然である。しかしこの話で重要なのは、ここからである。すなわち、王畿と唐の両者は、「良知」に対するみずからの考えに固執しなかった。唐は不服ながらも、自分の当時の「治命」の態度が、どのように真の良知ではなかったかの具体的な説明を王畿に求め、王畿も、唐の態度がどう真の良知ではなかったのかを彼に説明した。このときの王畿の説明が、客観的に妥当だったかどうかはいま問題にしない。重要なのは、王畿の説明を聞いた唐がその内容に納得したこと、つまり、講学の場において、彼らが実践課題上の具体的な事柄をめぐって他者と議論し、王守仁のいわゆる「天理」を模索し合ったということなのである。そして講学の場においては、王畿と唐の立場が逆になることも、当然ありうる。(26)

このように、両者が互いにみずからの考えを披瀝して、互いの考えをすりあわせる場として、王畿は講学を捉えていた。小路口氏が述べたように、王畿にとって講学とはまさに「参会者の良知同士が互いにぶつかり合う真剣勝負の場」だった。だとすれば、王畿の思想は、自分はこう考えるからそれでよい、といった一人よがりで自己完結的なものとは言えない。まさに「公共に開かれた、真の「実学」」であったと言うべきだろう。「南遊會紀」引用末尾に見える、「心同じければ學同じく、亦た因りて以て自ら交修の義を考へんと欲するなり」という王畿の言葉は、そのことを言ったものにほかならない。

注

1 次の王守仁のエピソードは、理や天理を具体的に指すことによって、それが「定理」として捉えられてしまうことを、守仁が意識的に回避していたものとして読める。
先生自南都以來、凡示學者、皆令存天理去人欲以爲本。有問所謂、則令自求之、未嘗指天理爲何如也（『全書』巻三三「年譜二」正徳一六年「正月居南昌」条・『陽明先生集要』巻二、七七条）。

2 王守仁が行為の多様性（複数性）を認めていることについては、たとえば『伝習録』下巻九三条（条数は岩波文庫本による、以下同じ）に、
問、「良知一而已、文王作彖、周公繫爻、孔子贊易。何以各自看理不同」。先生曰、「聖人何能拘得死格。大要出於良知同、便各爲説何害。且如一園竹、只要同此枝節、便是大同。若拘定枝枝節節、都要高下大小一様、便非造化妙手矣。汝輩只要去培養良知。良知同、更不妨有異處。汝輩若不肯用功、連笋也不曾抽得、何處去論枝節」。
とあるのを挙げることができる。

3 荒木見悟「聶雙江の思想――陽明学の後退――」（『陽明学の開展と仏教』所収、研文出版、一九八四年）

4 なお、王守仁と礼学との関わりについては、鶴成久章氏「明代餘姚の『禮記』學と王守仁――陽明學成立の一背景について――」（『東方学』第一一一輯、二〇〇六年）がある。鶴成氏は、陽明学成立の一要素として、王守仁の思想と『礼記』との密接な結びつきを指摘する。本稿との関わりで言えば、該論考中、礼楽の節文は「人情」に基づくもので、時代の変化につれて礼の節文が古今で異なることを王守仁が認めている、という指摘があることは注目される。

5『礼記』喪大記に「既葬、主人疏食水飲、不食菜果。婦人亦如之。君・大夫・士一也。練而食菜果、祥而食肉」とあり、また『文公家礼』にも、大祥になって「始飲酒食肉而寢」とある。

6 王守仁は、南贛巡撫在任中に定めた「南贛郷約」においても、「父母喪葬、衣衾棺槨、但盡誠孝、稱家有無而行。此外或大作佛事、或盛設宴樂、傾家費財、倶於死者無益」(『王文成公全書』巻一七) と記す。

7 湛若水の現行の全集などを見る限り、このとき湛が王守仁をどのように責めたかを知る資料は見当たらない。なお、湛は、王守仁の弟子である銭徳洪が父親の服喪期間であるにも関わらず、郷里を離れて講学したことを「礼を以て之れを責めた」という (『湛甘泉先生文集』巻二一「問疑續錄」・呉震『明代知識界講学活動系年1522~1602』学林出版社、二〇〇三年、一四八ページ・黎業明『湛若水年譜』上海古籍出版社、二〇〇九年、三一五ページ)。湛が礼に厳格であったことは、『明儒学案』の小伝にも、「奉母喪歸、廬墓三年。……士子來學者、先令習禮、然後聽講」と見える。

8 同じ話が、施邦曜「陽明先生年譜」嘉靖元年の条 (『陽明先生集要』所収) にも見える。

9 当該資料は『龍谿王先生全集』巻五にも「天柱山房會語」として収められているが、『全集』本ではこの一文が次のようになっている。

子充曰、「陽明夫子居喪、有時客未至慟哭、有時客至不哭、陽和終以不哭爲疑。敢請」。

10『礼記』礼器篇に「禮也者、反本修古、不忘其初者也。故凶事不詔、朝事以樂」とある。この一文について『礼記集説』は、「擗踊哭泣、不待詔告、以其發於本心之自然也」と解説する。

11『司馬氏書儀』巻六では、『礼記』奔喪の「惟父母之喪見星而行、見星而舍、道中哀至則哭、避市邑喧繁之處」を引いた後に、双行で「今人奔喪及從柩行者、遇城邑則哭。是有人則爲之、無人則不爲、飾詐之道也」と述べる。なお、この文言は『文公家礼』にも引用される。

12 銭徳洪が礼についていかに考えていたかは不詳であるが、羅洪先に次の発言があることには注意したい。「夫禮、緣人情爲之、非有一定。古之禮節、未可盡同於今。今之人情、未始頓異于古。君子者、權衡其間耳」(『念菴羅先生文集』巻九「答問喪禮」)。

13 なお、本稿で取り上げた王守仁の二つのエピソードについては、大西晴隆氏が言及している (『人類の知的遺産二五王陽明』(講談社、一九七九年、二〇九~二一〇ページ)。

14 大場氏は次のように言う。「概念の抽象性ではなくて、簡単に言ってしまえば、「誰が見ても良いこと」、つまり、日常生活中の個別事象への対応に生み出され、己と他者とが共に認める、個別の価値、効果にこそ、客観的、普遍的な真実がそのまま認められる……。このような思想空間では、親に対するある具体的な働きかけが孝として認められるか、という議論はされても、孝とは何か、という議論はなされない」(『心即理——王陽明前期思想の研究』汲古書院、二〇一七年、一二~一三ページ)

15 もっとも、王畿は続けて「自今思之、君子獨立與小人之無忌憚、所爭只毫髮間。察諸一念、其機甚微。凡横逆拂亂之來、莫非自反以求增益之地、未可概以人言爲盡非也」と述べて、自身の性格を反省している。なお、こうした王畿の性格については、その友人である唐順之も「兄篤於自信、是故不爲形迹之防」(『重刊荊川先生文集』巻五「與王龍溪郎中」)と指摘している。

16 中島隆博『悪の哲学中国哲学の想像力』筑摩書房、二〇一二年、四五ページ

17 『伝習録』下巻に、「先生游南鎮、一友指巖中花樹問曰、『天下無心外之物。如此花樹、在深山中自開自落、於我心亦何相關』。先生曰、『你未看此花時、此花與汝心同歸於寂。你來看此花時、則此花顏色一時明白起來、便知此花不在你的心外』」(七五条)とある。

18 中島隆博前掲書、四七ページ

19 「雲門問答」は、『龍谿王先生全集』万曆四三年刊本以降の名称である。王畿『全集』のもっとも早い刊本である万曆一六年本では、「與陽和張氏問答」として収められる。いまは資料利用の便宜上、万曆一六年刊本から引く。

「不思善、不思惡」、良知知是知非而善惡自辨、是謂本來面目、有何善惡可思得。非鶻突無可下手之謂也。妄念所發、認爲良知、正是不曾致得良知。誠致良知、所謂太陽一出、魍魎自消、此端本澄源之學、孔門之精蘊也。

20 中島隆博前掲、五〇ページ

21 ここで急いで付け加える必要があるのは、筆者は、中島氏が王畿思想全体までをもそのように見ているとは考えていない、ということである。中島氏は、「雲門問答」の当該部分についてこのように指摘しただけである。

22 中純夫「王畿の講学活動」(『富山大学人文学部紀要』第二六号、一九九七年)

23 小路口聡「序章——良知心学と講学活動」三~四ページ〈同氏編『語り合う〈良知〉たち——王龍溪の良知心学と講学

活動』研文出版、二〇一八年)。

24 当該条の引用は陳榮捷『王陽明傳習録詳註集評』(台湾学生書局、二〇一三年修訂版)に拠った。

25 唐順之は、父親の服喪期間を挟み、嘉靖一九(一五四〇)年より三七(一五五八)年まで家居していたが、この年の一〇月に南京兵部署郎中として南畿・浙江へ赴き、浙江総督・胡宗憲と倭寇征討について共議している(唐鼎元編『明唐荊川先生年譜』「年譜簡表」)。

26 講学の場におけるやりとりではないものの、王畿の具体的な行為について、唐順之は王畿に直接疑問を投げかけたことがある。それが王畿思想の側からどのように捉えることができるかについては、別稿に譲りたい。

報告

陽明学研究におけるテーマ性について

大場一央

一　思想分析における日中の相違

二〇〇九年八月三日から七日にかけて、早稲田大学孔子学院公開セミナー「儒教を読み解く」が開催された。ここでは土田健次郎氏を筆頭に、杜維明氏、陳来氏、楊立華氏といった近世儒教研究者が講義・講演を行い、これからの儒教研究についてさまざまな観点から問題提起を行った。

この中で、杜維明氏は「二一世紀の儒学」と題した講演を行い、儒教研究が世界に対して貢献しうるとして以下のように述べた。

二一世紀と向き合う儒家、日本では儒教と呼ばれるが、それは第一には人類の現在の文明、そして現在の哲学思想諸家に精神的資源を提供しなければならない。第二には儒学が西洋文化の衝撃に対して創造性ある回答を出すことができるかという問題がある。さらに第三に、たとえ創造性ある答えを持っていても、内部におけるさらなる発展と転換がなければ、その力量はやはり不十分と言わざるを得ない。(1)

ここで端的に述べられているように、世界の動向に対して西洋哲学がさまざまな問題や議論を提出している中、儒教もまた一つの哲学・思想として新たな視点を提供することで、新しい世界構築に参加するべきだ、と杜氏は考えている。そして、その手法として「理」や「良知」といった言葉によって構築された儒教の歴史的な論理形式と、「認識」や「存在」といった言葉によって構築された西洋哲学の歴史的な論理形式とを対比させ、儒教の論理形式に潜在的に存在する、現代の諸問題に提言可能な論理を浮き彫りにしていくことを説く。それは、単純に似ている言葉や議論を探しだし、儒教にも西洋に類似の議論があるという引き当て、あるいは後追い作業とは異なるため、儒教そのものを文献にそって精緻に研究する必要がある。そうした意味で、儒教研究はまずその内的な理論構造を丹念に分析することが要求されるのである。(2) 言わずもがなだが、杜氏の立場は中国近代になって発生したいわゆる「新儒家」と呼ばれる流れに属するものであり、西洋哲学と比肩し、ひいては世界の秩序形成に参画しようと志す野心的な態度である。

この研究態度は日本のそれとは全く異なる。日本においてはまず、近代の研究で行われた儒教と西洋哲学との引き当て作業に対する深刻な反省が存在している。たとえばカントの「存在」と「当為」を朱子学の「理」に引き当て、ドイツ観念論のようなものが朱子学にもあったとするような研究が存在し、そこから東洋にも西洋のような優れた哲学体系が存在したとか、あるいは西洋近代のような可能性があったかといったような研究が存在した。(3) だがこれは、結局のところ西洋哲学の体系が正解として存在し、答え合わせをするかのように儒教の議論を取捨選択する行為であって、西洋哲学には存在しない、あるいは価値が認められない議論は排除されて省みられない。一方で、西洋に対する東洋の独自性を強調するために行われる研究も存在したが、これも同様に西洋に対するカウンターとしての独自性を探し出そうとしているだけで、結局は儒教そのものの問題設定と論理形式、そしてそこに作り上げられた世界観は都合良く切り貼りされているのである。

こうした研究が明治以降に横行したことを踏まえて、日本における陽明学研究の方向性を示したのが山下龍二氏である。山下氏は目に見えない思想家の内面を推し量ったり、思想に個人的な好悪や判断を懐いたりすることを拒否し、目に見える思想家の言葉に表れた論理形式を厳密に分析していくことで、思想分析と思想史構築とを「客観的に」行った研究者であった。その山下氏は著書『陽明学の研究』にて次のように述べた。

> 「中国哲学」という学問分野においては、儒教にしても老荘思想にしても、それを至上の「教」として受用しようという傾向がある。その態度が「経学」(経書解釈学)中心の学問を生ん

だように思う。所与の法律に対してたくみな法解釈をこころみ、そこに自己の主張を盛りこんで利用する法律解釈学とそれは、よく似ている。そのため経文の原義や古代人の思想状況とは、ほとんど無関係なまでに、きわめて当代的な解釈をするようになった。宋・明代の思想についても、これをドイツ哲学風な概念に置き直した上で、いわゆる哲学的解釈をほどこし、つまるところ「中国哲学」を護教哲学（神学）と化せしめる傾向があった(4)。

いずれにしても、東洋には東洋の哲学があるという主張は、西洋の圧迫に対して東洋人・日本人の生存権を主張し、その裏づけとしての哲学を求めているといえる。そこで、中国の古典からじかに生きる力を得ようとする。中国の古典を、中国の古代・中世の産物として客観的に読み取る余裕はなくなり、自己の生き方の支柱として、中国古典に感動し、不知不識に現代的な自由解釈をほどこしてしまうのである。

思想史の立場は、中国哲学（思想）を、中国の歴史の中にみようとし、また、それ自体の歴史を考える。現在の自己の生き方と直接的には無関係に研究するのであって、中国思想をひとまず対象化して客観的に眺めようと努めるものである。（中略）少なくとも、思想史的な追求は、古典をじかに現代に生かそうという意図をもつものではない。このような客観主義的な研究が、その結果として大きく現代に影響を与えることはあり得ることである。

中国思想史の研究が、日本人の倫理とか、東洋的「無」とかを価値あるものとして前提することから解放されたのは、ようやく戦後になってのことである。中国思想の中から、われわれにとって価値ありと思われるもののみを抽出して、誇大に説教することではなくて中国の思想の歴史を冷静にさがしもとめることが、いまはもっとも必要なことである。(5)

ここでは明治以降、戦前期までの中国思想研究が「所与の法律に対してたくみな法解釈をこころみ、そこに自己の主張を盛りこんで利用する法律解釈学」のように、現代に都合の良い解釈を施して、思想を利用してきたことが指摘されている。それは必ずしも政治的な方面ばかりではなく、自己啓発書的利用、すなわち「自己の生き方の支柱として、中国古典に感動し、不知不識に現代的な自由解釈をほどこしてしまう」ことも含まれる。この場合、中国古典は総じてたたき台に過ぎず、読書以前に存在する自分や時代の価値観を正当化しようとしているのである。

山下氏は、そうした研究と異なり「中国哲学（思想）を、中国の歴史の中にみようとし、また、それ自体の歴史を考える。現在の自己の生き方と直接的には無関係に研究するのであって、中国思想をひとまず対象化して客観的に眺めようと努める」研究が必要だとする。これはつまり、思想家が当時の状況や、自身の問題意識にそって展開した議論を、できるかぎり再現しようという行為であり、無論、そこには現代人たる研究者が遡及不能な部分もあるが、それすらも下手に解釈することなく、丁寧によりわけておくことを意味する。

こうした研究は陽明学研究に限らず、おおむね戦後から二一世紀の今日に至るまで、日本の中国思想研究の最もオーソドックスな手法であった。この立場からすると、杜氏や新儒家と呼ばれる海外の研究者の方法は、いささか警戒を要する。何故ならば、ある思想家の思想が有効なのはその思想家が生きた時代のみであり、その思想は思想家その人の内面においてのみ純粋なものだからである。つまり、孔子の思想が純粋に存在していたのは、孔子その人が生きて言葉を発し、行動していた時のみであって、その純粋な思想表現が直接的に社会や人々に影響したのは、孔子が生きていた時代に限定されるのであって、それ以降の思想家がいかに孔子を語り、その言葉がどれだけ社会に影響を与えたとしても、それは既に孔子ではなくてその思想家の思想が吐露され、人々を動かしているに過ぎない。よって研究者は常に当事者の言動を整理し、当時の状況を整理する以外に研究の手段を持たないのである。ここで注意しておきたいのは、思想家が孔子や他の思想家の解釈を利用して自分の思想を展開することは何の問題もない。問題がないというよりもむしろ、その解釈の積み重ねこそ、自分の思いつきや生硬な造語で浅い議論をすることなく、既存の理論を土台としてより高度な議論に跳躍し、多様な議論を生み出している。それがそのまま思想史となるものである。しかしながら、研究者は思想家ではない。言い換えれば、特定の思想を流布して人々を教化し、特定の方向へ誘導するものではない。それは手続きの適切さを厳密に問うことで結論の自由を保障する、近代学術の理念からかけ離れた手法であって、そうした手法をとる人は思想家であって研究者とは言えないのである。したがって、杜氏や新儒家の人々が西洋哲学の議論に引き当てたり、カウンターに使えそうな議論を引っ張り出して都合良く儒教を読み替えたりすることはないにしても、時代性の制約を強く受けた思想が現代にも役立つという判断を下し、みずからもまた議論しようとする態度を学術研究の場に持ち込むことは、それ自体がすでに現代性を混入させているように思われ、いささかの違和感を懐かざるを得ないのである。

こうした日本の研究手法を確認すると次の疑問が起こる。では日本は発掘した遺物を博物館に所蔵・展示するように研究すればよくて、社会には何らの関心も懐かず、かつ何らの役割も持たないのだろうか。山下氏の議論をもう一度読んでみると、「このような客観主義的な研究が、その結果として大きく現代に影響を与えることはあり得ることである」と述べており、決して思想研究が社会と没交渉で良いと考えていた訳ではないようである。とすれば、どのようにすれば思想研究はその手続きを守りつつ、社会の役に立つのであろうか。

二　テーマと個性

山下氏の言う「客観主義的な研究」を前提として、思想研究には主観を問題にせざるを得ない局面が存在する。何故ならば、思想が内面を表現する以上、その研究は目に見えるデータだけを収集・整理する作業ではないため、結局のところ主観を完全に排除することが不可能だからである。中国思想の研究においては、学派ごとの議論、文献の成立年代や著者・編者、語彙の使用頻度やパターン、漢文法の運用などを調査・整理し、時代性に配慮した客観性を維持するのは最低限の作法であるが、それを行ったとしても、そこから浮かび上がってくるものはイメージの域を出ない。つまり、自分以外の人間が何を感じ、何を考えたかということは、本人以外には分からないのであって、極限まで言葉の客観性をつきつめ、目に見える論理形式から客観的な思想分析をしたとしても、そこから出てくるものは、見ている人間の主観――それが個人的なものであれ、所属する社会や時代のものであれ――によって濃淡がつけられ、取捨選択が無自覚に行われているのである。

これを完全に排除しようとする人は、徹底的にそうした作法を遵守しようとするだろうが、データを並べるだけ並べても、最終的には望洋と広がるデータの海に型を押しつけて切り取り、研究者の言葉による加工を施してまとめねばならない。この型がいわゆる「テーマ」であり、それは研究者が思想家について調査していく段階で、イメージとしてまとめられたものである。特に思想分析においてそれが顕著である。たとえ客観的な論理形式を分析した結果、研究者にとってこの思想はこうとしかいえないと結論づけたとしても、本人から言質をとれない以上、まとめられた思想内容は全て主観的なイメージに過ぎないのである。したがって、極言すれば思想研究においては、結局、全てが研究者の主観に過ぎないと言うことも可能である。

しかし、それは決して思想研究がでたらめであり無意味だというのではない。ある思想家について研究する場合、最低限の客観性が保証されることで、どの研究を見ても研究対象たる思想家の議論、すなわち論理形式は必ず規則性のある一定の幅で整理されるし、その議論から提出される思想内容も概ね近似したものとなる。孔子が功利を推奨していたとか、朱子が制度しか興味がなかったとか、陽明が考証に没頭していたとかいう研究は存在しない。しかし、そこから進んで「ではその思想はどこに力点があったのか」「思想家は何を言いたかったのか」という「まとめ」に入った途端、急速に主観性の強いイメージが思想内容に付与され、論旨の座に君臨する。この論証においては、思想家の議論の一部をクローズアップしてそこに注目することで、結論部分が大幅な開きを見せてくるのである。たとえば陽明学研究の場合、論理形式を分析した結果、陽明の説いた「良知」が自己に備わる先天的な心の知覚機能であり、行為を通じた世界創造の主体である、とすることは恐らく共通している。しかしながら、この議論の力点は「良知」の「良」に既存の儒教倫理が込められている所にあると考えれば、その創造性も不断に儒教倫理を再生産していくことになるし、あるいは「良知」の「知」に世界の創造を期待したことに力点を見出せば、儒教すら超越した新しい価値観の創造こそが陽明学の意義だということになる。これは陽明以後のいわゆる「王学三派」以来延々とくり返された議論であり、そしてそれはまた、思想研究においても同様の振れ幅をもたらしている。

だが、それは決して不備でも混乱でもない。無論、全くの誤読であるとか、資料全体の整合性がとれずに一部だけを曲解するなどというやり方は、研究以前の問題なのでここでは考慮しない。そうではなくて、客観性によって最大公約数的に導き出される論理形式と思想内容とを整理してけじめをつけ、その先にテーマ性によって主観を強くしたイメージを付与することは、多くの研究者を刺激して多様な研究を呼び起こし、また研究対象たる思想家への社会的関心を喚起することになるのである。その代表的な存在が岡田武彦氏、荒木見悟氏であった。

岡田氏は王陽明の思想分析を中心に、朱子学から陽明学に至る宋明の儒学者の思想を通史的に研究し、その代表的著書である『王陽明と明末の儒学』をはじめとして、多くの研究書に加えて一般書も著したが、みずからの研究手法について次のように述べている。

> 著者が思想家と同じ心になって、共に疑い共に悩みつつ、思想上の課題を解決していこうとした過程をそのまま筆にのぼせたからである。これをもし内面的研究というならば、著者はこのような手法によって、史的立場に従いながら、同時にそれを超えていくことができる何ものかが得られると信ずるからである。(6)

これは陽明の残した議論を頭から全てトレースしていくということである。この場合、岡田氏は陽明の用いた言葉だけで議論を分析し、近代以降に多用される哲学用語や、自前でこしらえた分析用語の使用をできる限り避けている。岡田氏が行うのは、陽明の思想分析においては「心即理」「知行合一」「良知」などの議題ごとに資料を整理し、また陽明学研究においては伝統的な学派分類にしたがって年代順に並べ、文脈や論旨を紹介する作業となっている。これは一見すると、単に資料を書き下し、訳して要約したような研究になってしまいそうだが、不思議なことに岡田氏の陽明学研究は多くの人を惹きつけた。その理由は、「著者が思想家と同じ心になって、共に疑い共に悩みつつ、思想上の課題を解決していこうとした課程をそのまま筆にのぼせた」という手法にある。

つまり、岡田氏は思想家の議論が自分の中で思想家と同じ熱量で差し迫ってくるまで熟読し、思想家と同じ苦悩となるまで考え抜き、思想家と同じ悟達の解放感を得るまで腹の内で熟成させた。そうしてみずからの全人格を思想家の議論に没入させることで、本来は思想家にしか分かり得ない主観を立ち上らせようとしたのである。これは思想家を現在に生き返らせようとする作業であり、憑依型ともいうべき研究である。こうした研究においては、あらためて細かい学派分類表を設定したり、新しい用語をもとに再定義を行ったりするようなことは必要ない。何故ならば、それらは現代の視点から過去を見ているのであって、思想家自身の「内面」とは何ら関わりのない表面的なラベルの貼り替えに過ぎないからである。そうした岡田氏の文章に触れることで、読者は思想家の雰囲気、いわゆる「気象」を感じ取ることとなる。このようになるまで徹底して自己と思想家とを重ね合わせていく手法を岡田氏は「体認」と呼んだ。この手法は「史的立場に従いながら」とあるように、客観的な研究の作法を前提としているものの、そうして整理された論理形式や思想内容の先にあって「同時にそれを超えていくことができる何ものかが得られる」というように、思想を学ぶ者が本当につかみとるべきものがあることを示唆している。それこそは、思想に関心を持つ一般の人に多く存在する渇望、すなわち生々しい安心立命の境地であろう。あるいは、そうした境地が生々しく提示されることによって、陽明学が時代に与えた衝撃を思想史的に提示することにもつながり、陽明学研究の基盤を確固たるものとした。こうした手法は岡田氏の人柄に多分に依存するものであり、その研究は「体認」というテーマによって強力に牽引され、拡大されている。このようなことから岡田氏は、研究者、一般を問わず多くの読者を惹きつけ「日本における新儒家」とも呼ばれた(7)。

一方、仏教をはじめとする明代思想全体の交流と融合とを包括的に研究し、さらに朱子学や中国近世の思想分析を行った荒木見悟氏は、その著書『明代思想研究』にて次のように述べている。

一見すれば、そこに頻出する術語や素材は、前代以来もちこされたものが大部分であって、特に新奇な造語構成の跡は見られないかも分からないが、実はそれらがすべて天与のままのなまの心において、検証され操作され、そこから新しい人間像や世間観の構成が意図された所に、明代思想の重要な特徴があるのである。だから明人の思想（中略）を追求する場合、そこに取り込まれた思想的素材を抽出し羅列し分析して、その思想類型を、程朱派・陸王派・朱陸一体派・三教合一派・禅浄融和派などと紋切り型に分類するだけでは、何ら実態解明に役立ち得ないばかりか、心学の根底にふれる何ものももたらさぬだろう。（中略）何れにせよ心の原点に全存在の意味を問い直すという至難の業にたえぬくことが、さけられぬ運命であり、たじろぐことを許されぬ直道であったのである(8)。

明代の思想家達が「理」や「性」などといった宋代以来の思想用語を用い、宋代以来の論理形式を用いて思想表現を行っていたことから、一見すると既存の学派に分類可能で、何らの新味もないと思われがちなことを問題視した荒木氏は、そうした思想用語や論理形式を操作して彼らが表現しようとした「なまの心」に迫ろうとした。ここでは操作の仕方にそれが表れていることを強く意識し、文献の博捜を活かして多くの思想家の論理形式の微妙な差異を対比するという客観性が担保されている。この対比によって示された思想史は、「なまの心」が現実の矛盾や葛藤を克服し、人生の苦悩を解決しようとした軌跡であり、それはまた、既存の善悪や倫理を超えて事物に納得のいく意味づけを行い、世界の意味を創造していこうとする思想的格闘の歴史であった(9)。

この分析を行うにあたって荒木氏は、宋代から明代にいたる思想が「本来性」対「現実性」という二項対立に立脚しているとしている。「本来性」とは「理」のような観念的理想であり、「現実性」とは「気」のような物質的現実である。荒木氏は、これは儒教に限らず、広く仏教や道教、あるいは三教一致論を掲げた思想家達にも適用される構図であるとする。この構図で示された「理想と現実の葛藤」をどのように処理するかという議論によって、思想家達はそれぞれの世界観や生き方を表現していき、それが思想史を形作っていると考えるのである。したがって、この構図を測定基準としてそれぞれの思想家の議論を計測、配列することが研究手法となり、そうしてできあがった分類表では、それぞれの思想家が生々しい葛藤を克服していくために提出した議論のバリエーションが示されるのである。

実際、「本来性」対「現実性」という構図は、これより以前、安田二郎氏によってその原型が提出されており、荒木氏の完全なる独創ではない(10)。しかしながら、この構図を用いて表現したかったのは「心の原点に全存在の意味を問い直すという至難の業にたえぬく」という思想の営みであり、かつその歴史であったことに荒木氏の真骨頂がある。ここにおいて荒木氏の研究は、自身の回想録でもある『釈迦堂への道』で示されたように(11)、自分自身の求道と重なり合って、研究に人生をまるごと投げ入れていく凄みを与える。つまり、「求道」というテーマが強烈に打ち出され、それが個性となって研究が成立しているのである。

岡田氏と荒木氏とは第一義的に、当時の時代状況と思想家自身の内面における問題意識を掘り下げるべく、論理形式の分析を徹底しており、現代の価値観からその思想の善し悪しや有効性を判断しようとはしていない。それでいながら、その思想内容をまとめていく過程で、テーマ設定にもとづいた濃厚な自己主張を行っており、それがそのまま岡田氏や荒木氏の個性として、両氏の魅力を最大限に引き出してきた。したがって、両氏共に陽明学者が「理」の内容をかなり柔軟に創造していったという論理形式の分析は共通するものの、そこから自身のテーマにそって陽明学者たちの思想をまとめることで、伝統的な学派分類や思想用語に有効性を認めるか認めないか、儒教の道徳規範を再生するのか乗り越えるのかといったイメージに違いが出て、陽明学研究を豊かなものとしている。

これはさしずめ、職人が伝統的な作法を気の遠くなるような繰り返しで肉体化していった先に、その作法を通じて自分の個性を作品に刻み込んでいくのと似ている。ここでは作法そのものをこねくりまわさないことは勿論のこと、寿司で言うところの「カリフォルニアロール」のような、他分野との融合を行おうとはしない。しかしながら、作法を守っていればこそテーマ性に裏打ちされた個性がかえって際立ち、その文章に刻み込まれた生々しいイメージを通して、読者に普遍的な共感をもたらすのである。かかる研究が成立する時、客観性と主観性とは相反する関係にはならず、互いの機能を最大限に引き出す効果を発揮する。つまり、山下氏の言う「客観主義的な研究」と岡田氏、荒木氏のテーマ性の強い研究とは本質的に対立しないのである。

三　テーマの排除

山下氏の研究はいわゆる「客観主義的な研究」を徹底している。山下氏は『陽明学の研究』にて次のように述べる。

> 王陽明の思想を叙述する場合、彼の百死千難と称される変転する生涯と切り離して考えることはできない。(12)

この言葉通り、山下氏は陽明の家系的な伝統、家庭環境、不羈奔放な青年期、成熟する壮年期、そして波瀾万丈な官僚人生を丹念に追い、そこで言葉にされた悩みや葛藤、そしてそれを克服していった様子を紹介している。具体的には『王文成公全書』の「年譜」を骨格として、「伝習録」「文録」で陽明が述べた言葉や採った行動の中に、規則性を持って存在する論理形式を摘出・整理していくということになる。

このように、思想家本人の言葉のみを収集・整理した上でそこに内在する論理形式を摘出する作業は、山下氏においては陽明に限らず他の思想家に対しても厳密に施されている。それら個別の思想家の論理形式が全て独立したものとしてずらりと並べられたところに、自然と思想史が展開されていくという仕組みである。そのような研究手法によって王陽明の思想を分析した上で、陽明思想の骨格は次のように結論づけられる。

> 儒教は家族制度に基づき愛親の心を人間の本性として倫理の基盤におく。陽明はその儒教の基本的な立場を正当と認めたのである。[13]

> 人間は倫理的存在であるから倫理を離れて人間はなく、また人間の心情を離れて倫理はないというのが、「心即理」の意味である。[14]

ここで興味深いのは、「家族制度」「愛親の心」「倫理」「儒教の基本的な立場」「倫理的存在」「人間の心情」という言葉が、いずれも包括的、抽象的であり、生々しく読者の経験に響くものではないことである。このような言葉は、読者の経験や主観によってどのようにも解釈可能であり、印象がぼやけてくる。したがって、一見すると無味乾燥とした解説があるだけにも見えてしまうが、それを避けるために仕掛けられたのが、陽明の人生遍歴を詳細に整理することであった。この人生遍歴を読むことによって読者は山下氏ではなく、『王文成公全書』の中に存在する「王陽明」というキャラクターが行動し、喜怒哀楽が縦横に言葉に表されるのを見ることとなる。この時、生々しいのは山下氏の言葉ではなく陽明の言動となる。そして、その印象が強まれば強まる程、『王文成公全書』で設定された陽明の悩みや葛藤がくっきりと印象づけられる。そうして「心即理」を悟ったときの論理形式を打ち出すことで、それが何を論旨とするのか印象づけたのである。この場合、陽明の不羈奔放な遍歴の末に自覚されたのは、「愛親の心」に基づく「倫理」という、「儒教の基本的な立場」がいかに大切なものであるかということであった。それは思想のダイナミックな展望や、時代を変革する刺激的な言論を期待する人には面白くもなんともない内容かもしれないが、王陽明という不羈奔放で規格外の人間がそれを敢えて認めていったということが分かれば、その結論が人生に悩み抜いた人間にとって如何に深刻なものであり、また時代を変革していった原動力として作用したのかが際立って了解されるのである。そして、「倫理」の内容に研究者が踏み込まないことで、読者は研究者のイメージや思想を経由することなく、みずからの感性や人生経験によってダイレクトに王陽明にリンクして解釈し、みずからに必要な思想を引き出すこととなる。

つまり、山下氏は「研究」という作業に主観を持ち込むことを拒否する代わりに、でたらめな解釈や特定の主義主張に誘導するような解釈ができない枠組みを作った上で、読者の主観によって幅広い解釈を可能とする空間を構築していったと言えるのである。これは研究者の個性が前面に出ている岡田氏、荒木氏の研究とは対照的であり、山下氏の研究を読む人は、山下氏の用意した枠組みに沿いながら、みずからの印象で肉付けして理解を進めることが可能となる。

このことを示すのが、一般書として出版された『王陽明』の記述である。ここには冒頭で挙げた「このような客観主義的な研究が、その結果として大きく現代に影響を与えることはあり得ることである」という言葉の意図が示されている。

学術書といっても読み物といっても、やはり、読者が興味を持ち、どこから何かを知り、何かを学び、そして、何かを得ることには変わりはない。学術書はおもしろくない本で読み物はおもしろい本と考えやすいけれども、実際はそうとはかぎらない。おもしろい学術書もあれば、つまらない読み物もある。真実を伝えるのが学術書で、いい加減に書くのが読み物だという誤解もあるが、いい加減な学術書もあれば、真実を伝える読み物もあるのが現実である。純文学と大衆小説という分類がどうもはっきりしないように、学術書と読み物という分類もじつははっきりしない。陽明の『伝習録』も、広い読者を対象としていた。その内容には、経書の解釈といった小難しい議論もあり、学生の心得とか一般的な生活の指針とかも含

まれていて、学術書か読み物かという区別はできない。王陽明は経書を読んでいるときだけが学問ではなく、日常の仕事に励んでいるときも学問であると言った。いわゆる学者文化人だけが真実に通達しており、政治家や、経営者や、公務員や、会社員や、自営業者などはみな日常の雑務に忙殺されて真実から遠ざかっているという俗説は、現在、幸いにも通用しなくなった。こういう俗説を五百年近いむかしにすでに打ち破っていたのが、王陽明であった。いまや、安んじて陽明に従って、陽明についての「読み物」を書くことができるのである。(15)

本書は陽明の生涯について紹介しながら、その思想がどのような経緯で生まれてきたのかを綴ったものであり、基本スタイルは研究書である『陽明学の研究』と同じである。そのあとがきに記されたのがこの文章であるが、ここで山下氏は「学術書といっても読み物といっても、やはり、読者が興味を持ち、どこから何かを知り、何かを学び、そして、何かを得ることには変わりはない」と言い、解釈の主体が読者にあることを明言している。そしてその読者とは「政治家や、経営者や、公務員や、会社員や、自営業者など」「日常の雑務に忙殺されて」いる生活人を広く含むのであって、彼らが「何かを知り、何かを学び、そして、何かを得る」ことを目的としている。また、そもそも「学者文化人」と一般人、「学術書」と一般書を区別することも否定し、「経書を読んでいるときだけが学問ではなく、日常の仕事に励んでいるときも学問である」という陽明の言葉を引いていることからも分かるように、学問の場を生活だと考えていた。したがって、陽明学の研究もまた、学術研究はあくまでもその資材提供であり、読者がそれを読み、彼ら自身で考え、彼ら自身の生活で活用することが大事であって、決して読者が何を考え、何をすべきか指導するようなことがあってはならないと考えていたことが分かる。前に引いた「古典をじかに現代に生かそう」としないとは、研究者が学術研究の段階で指導理念や主義主張を盛り込まないということである。読者は研究者によって「啓蒙」されるべき客体ではなく、異なる時代の感性や考えに刺激を受けて、みずからの生活を通じて新たな思想や生き方を創造していく主体となる。つまり、思想は現在の人々の生活の中に生成発展していくものであり、今生きている人々こそ、思想が生まれ、社会を変革していく主体であると考えていたことになる。これこそ「客観主義的な研究が、その結果として大きく現代に影響を与える」ことに他ならない。

そうした意味で、山下氏の研究には、テーマ性を排除することで思想家と読者との間に可能な限り純粋な接触を持たせようとする意図があり、そこには逆説的に明確なテーマ性があったと言えるのである。

四　まとめ

日本の陽明学研究、なかでも思想分析は、あくまでも文献の精読による論理形式の整理を通じて、思想の時代性を掘り返していく原則を大前提とする。一方で、それを整理していく過程で、研究者自身のテーマ設定に応じて議論の展開が個性的となり、異なる方向へ進むことになって、研究の豊穣につながる。つまり、思想分析には二段階が存在し、一つは厳密な論理形式や思想用語の分析、一つはそれらを整理する過程でテーマを打ち出すという作業があるということである。この点、岡田氏の研究のように、新儒家に親和性が高くなったり、あるいは荒木氏の研究のように、研究が「求道」そのものに見えたりする研究が存在し、それが陽明学、ひいては陽明学研究の魅力を強めた。特に陽明学者たちは、めいめいが独自の世界観を自由闊達に構築していったという歴史的背景があるため、その研究においてもどれをどのように配置するかで、見えてくる世界観に幅が出やすく、テーマ設定が大きく作用しやすい。この結果、陽明学研究そのものが魅力的となり、多くの読者や研究者をひきつけてきたのである。

ひるがえって、観念的性格の強い思想用語そのものの分析は、分析結果の解説を分かりやすくすることで研究者のテーマを濃厚に反映してしまうため、客観的分析を徹底した場合には分かりやすい解説を避けることとなる。整理されるべきはあくまでも議論に現れた論理形式であって、その差を比較検討することで思想家ごとの差を計測することしかすべきではない。これは一見すると、思想哲学を学ぶ上で最も魅力となる、観念的思惟の感覚的追体験を制限することとなり、肝心の部分に踏み込まず無味乾燥な解説に終始するようにも見える。しかし、それは自然科学のように、絶対的な計測手段を用いて一つの正解を求めよと言っているのではない。実際に山下氏は全ての手法の限界と問題点を列挙している。[16]そうではなくて、この作業が明晰かつシンプルになされた場合、研究者の色が出ていない分、読者や聴衆がみずからの価値観や考えをダイレクトに引き当てて、自分自身の人生や行動に反映させやすいという利点がある。この点、山下氏が「客観主義的な研究が、その結果として大きく現代に影響を与えることはあり得る」と述べたのは、テーマ設定そのものを、学界ではなく実社会に生きる人々に委ねようとしたという意味であって、そのやり方自体に十分にテーマ性があり、かつあくまで学界の議論を実践の場とする新儒教より、実社会の動きに思想を根づかせようとする、野心的な試みだったとも言えるのではないだろうか。このことは岡田氏、荒木氏、山下氏に共通する姿勢である。彼らはいずれも研究者、大学教員という特殊な立場として一般と隔絶した学界で思想を分析し、高度な理論を社会という抽象的な集団に適用しようと意識するのではなく、一人の当たり前の人間として思想に向き合っていくことで、一人一人の当たり前の人間に共有可能な感性や考えを提供してきたのである。そしてこのことは、日本の陽明学研究が世界に比べて誇るべき、強靱な日常性、すなわち現在を生きる一人一人の生活が持つ創造力を刺激する役割を果たしていたと考えることも可能なはずである。

「陽明学」という学派は、その議論の多様性が既に一つの学派と言って良いか戸惑うほど豊富であり、またたとえば代表的著作である『翁問答』の執筆以降に陽明学を本格的に学んだとおぼしき中江藤樹が、陽明学者と言えるのかといった問題のように、「陽明学者」という分類そのものも案外にあやふやである。また、かつてに比べて「陽明学」に関心のある人や研究者自体が減少したことは否めない。今から半世紀前、奇しくも一九七〇年代初頭にそろって「陽明学」をカバーした専著を出し、戦後の陽明学研究をリードしてきた三氏のように、日本らしいヴァリエーションに富んだ陽明学の研究が求められていると思う。

注釈

1『二一世紀に儒教を問う』（土田健次郎・杜維明・陳来・楊立華、「早稲田大学孔子学院叢書」、早稲田大学出版部、二〇一〇年）、六一ページ。

2 杜氏は、「西欧の衝撃」に対して回答しようとする立場が新儒家であるとした。ここでいう西欧の衝撃とは、西欧文明の世界観や人間観などが、世界の普遍的原理としてアジアに迫っていることを指す。したがって、西洋哲学との引き当てではなく、儒教独自の論理を対置させなくては、異文明からの回答にならない。「それゆえもし新儒家というものを認めるとすれば、それは儒教研究の発展のなかにおいてである」と述べて、精緻な儒教研究からその回答を生み出すことこそ必要であると述べた。（同右。一八九～一九〇ページ）

3 中国思想に西洋近代のような発展可能性があったかという研究で最も著名なのは、島田虔二氏『中国に於ける近代思惟の挫折』（筑摩書房、一九四九年）であろう。これは東洋史研究の立場から提起された議論であるが、後述のような論旨で山下龍二氏から批判を受けている。

4『陽明学の研究』「成立編」（現代情報社、一九七一年）一ページ。

5 同書。一〇～一一ページ。

6『王陽明と明末の儒学』（明徳出版社、一九七〇年）二ページ。

7 杜維明氏、陳来氏は、共に岡田氏を日本の新儒家とみなしている。（前掲『二一世紀に儒教を問う』、一九〇ページ）。

8『明代思想研究』（創文社、一九七二年）一～二ページ。

9『陽明学の位相』（研文出版、一九九二年）では、「善と悪の抗争、天理と人欲の相克を、先入主にとらわれず分け入って、泥をかぶりつつ、善悪理欲の組み直し作業を行う」（175ページ）、「仁義礼智は善なるもの、それをなみするものは悪なるものという平面的論理」（一八七ページ）というように、荒木氏は陽明学および明代思想が既存の儒教倫理を解体し、超越していくものとして捉えていた。

10 安田氏は『中国近世思想研究』（弘文堂、一九四八年）にて、朱子が理や聖人といった「本来性」を強調することで、現在の不完全な人間のありようを際立たせ、学問修養の必要性を強調していたことを明らかにしている。また陽明はそうした「本来性」を学問修養している現在の人間にそのまま認めることで、理や聖人の距離を一気に接近させ、日常における学問修養の価値を際立たせた様子についても描写し、「本来性」を軸とする構図で朱子学と陽明学との相違を説明している。

11 『釈迦堂への道』（葦書房、一九八三年）。ここには荒木氏の人生と精神遍歴が回想されており、思想研究が生きることそのものであったと述べられている。

12 前掲『陽明学の研究』「成立編」、一八六ページ。

13 同右。一八七ページ。

14 同右。一九一ページ。

15 『王陽明』「中国の人と思想　九」（集英社、一九八四年）、二七五〜二七六ページ。

16 山下氏は前掲『陽明学の研究』「成立編」の冒頭に「中国思想研究はどう進められてきたか」という一章を割り当てて、「漢学」「支那学」「地域学」「文献学」「経学」「中国哲学」などの研究手法が持つ長所と短所をそれぞれ挙げ、いずれも完成された方法論ではないことを自覚した上で、思想史研究にさらなる工夫をする必要を主張している（三〜一七ページ）。

報告

三宅雪嶺と近代日本の陽明学

山村　奨

一　幕末の陽明学者たち

岡田武彦は幕末の陽明学者の中で、「深い体認自得を旨とした学者」を何人か挙げている。それが「林良斎、吉村秋陽、山田方谷、春日潜菴、池田草菴、東澤瀉」である。(1) このうち吉村秋陽と山田方谷は佐藤一斎の門人であり、林良斎は大塩平八郎の門弟であった。また方谷は藩の財政を立て直すという活動に従事し、春日潜菴や東澤瀉のように勤王の立場を表明した者もいた。大塩や吉田松陰に比べ、彼らは大きな影響力を及ぼすような活動はしていない。(2) しかし彼らが幕末において時勢に関心が低かった訳ではなく、むしろ自身の学問を現実に活かす道を模索していたといえる。

岡田は右の陽明学者だけでなく、幕末の朱子学者（大橋訥菴・楠本端山、碩水兄弟）も含めて彼らが明末の東林学派の思想を多く吸収したと認識している。東林学派はその政治的性格から東林党とも呼称される。明末の万暦年間（一五七三年～一六二〇年）に神宗皇帝とそれに追随する一派に反発して、東林書院に結集した人物たちをさす。代表的な人物に顧憲成・高忠憲・劉念台がいる。彼らは陽明学左派（後述）の思想を過激であるとして批判し、朱子学も採り入れた「経世致用」の学を主張したとされる。そのため、時の政治への批判を多くおこなった。[3] 岡田は明末の動乱の時代に生じた彼らの現実的な思想が、幕末を生きる人物に影響を与えたと述べる。[4]

ここで、東林学派の反面教師となった陽明学左派について概説しておく。岡田武彦によれば陽明の死後、弟子たちはその主張の相違から大きく区分して三派に分かれるとされる。その分け方も当時の自己認識ではないので、ある程度は恣意的なものになるが、本筋とは外れるのでここでは論争史に言及しない。分かりやすくするために、ひとまず岡田の提示した区分によって見る。それは良知の求め方の違いによる三派であり、現成派・帰寂派・修証派に分かれる。

まず良知現成派である。岡田の説明では、この用語の由来は、彼らの主張が「陽明のいう良知は現成であるというにあった」ためであるとする。良知をとらえるための工夫（修業）を避け、「わが心の率直な流露、自然の発露を直ちに本体とし性命とする傾向があった」[5]と解説する。どちらかといえばさかしらな修養を否定して、おのれの心の自由な発露を容認する傾向にある。後に出現する李卓吾は、この系統を受け継ぐという。李卓吾は、心の純粋な発露としての「童心」を肯定している。陽明学の学統の中でも異端の思想を唱え、晩年は獄中で命を落とした。

次に、良知帰寂派である。これは「根本を培養して生意を枝葉に達するといったように、帰寂もって体を立ててこれを用に達すること」(6)、すなわち禅のように「静」を重んじる工夫によって、良知を明らかにしようとする系統である。

そして、良知修証派である。これは良知が「そのまま道徳法則、すなわち天理であることをよく識認」(7)したと説明される。すなわち陽明の説いた良知に致るための工夫を、忠実に踏襲することを主張した。

岡田の指摘によれば、帰寂・修証の二派は朱子学に接近する傾向を持っていたために、現成派の思想が明末に隆盛することになったという(8)。この現成派こそ、陽明の思想を過激に展開したために「陽明学左派」と呼ばれる(9)。それに対して帰寂派が「右派」、修証派は「正統派」とされる(10)。

なお荻生茂博は、大塩の学問が「東林系の諸儒」である陽明学修証派、及び帰寂派を「道統」とみなす立場を取ったとみなす。さらに、大塩が現成派を非難していたことを指摘した。その上で、乱という行為に政治的な実践を重んじる東林派との通底を見出している(11)。ちなみに岡田武彦によれば、「幕末の陽明学者は、概していえば帰寂派または修証派に心を寄せて、現成派に対しては批判的であったが、中には沢瀉のように現成派を好んだものもいる」(12)という。

ここで幕末の陽明学者たちについて、簡単に生涯・学問の系統を紹介しておく。

林良斎(一八〇七〈文化四〉年~一八四九〈嘉永二〉年)は、讃岐に生まれた。名は久中。字は子虚。家系の家老の職を若くして継いだが、病気のために辞す。その後、弘浜書院を建てて学問を教授した。二〇代の後半には大塩に入門。陽明学を学び、藤樹の学問や石門心学にも触れた。訓詁の学を批判して、静坐による「慎独」を重んじる態度を取った。その静坐を旨とする姿勢を良斎は東林学派の劉念台に学んでおり、彼を称揚した。また後には、朱子学と陽明学を折衷するような説を展開している。

吉村秋陽（一七九七〈寛政九〉年〜一八六六〈慶應二〉年）は、安芸に生まれた。名は晋。字は麗明。京都で古義学を修めた後、江戸で佐藤一斎の門下に入る。陽明学を学んだ後は「自反」という自己反省の修養を重んじ、朱子学者の大橋訥菴を「弁才」と批判した。学問としては陽明学の修証派を高く評価して、現成派を排した。また後には、帰寂派を認める見解を見せた。

山田方谷（一八〇五〈文化二〉年〜一八七七〈明治一〇〉年）は、備中に生まれた。名は球、字は琳卿。若い頃は朱子の学問を修めたが、後に陽明や大塩の思想に触れる。江戸で佐藤一斎に学び、陽明学の要点は「誠意」にあるとした。誠意のためには、意の自然に従うのが善であり、それに逆らう不自然なことが悪であるとみなした。聖書に関心を寄せる幅広い面も持っていたが、佐久間象山に対しては洋学であることを理由に批判した。備中松山藩の財政を、改革によって立て直したことはよく知られている。また、三島中洲や河合継之助の師でもある。維新後は、岡山閑谷学校の再興に尽力した。

春日潜菴（一八一一〈文化八〉年〜一八七八〈明治一一〉年）は、公卿の出である。名は仲襄。字は子賛。初めは朱子学に染まるが、二〇歳頃から陽明学に傾倒する。大塩の乱が起こった時には陽明学を非難するような風潮に対して、抗弁した。また勤王の思想にも関心を示し、安政の大獄で処罰された。学問では朱子学や陽明学の修証派・帰寂派を広く受容したが、劉念台を最も尊崇して、その「慎独（自訟）」の説を重んじた。西郷隆盛とも交流があり、明治以降は奈良県知事を務めている。

池田草菴（一八一三年〈文化一〇〉～一八七八〈明治一一〉年）は、但馬に生まれる。名は緝、字は子敬。京都に出て古文辞学を学んだ後、春日潜菴と親交を結んで陽明学を奉じた。また、林良斎・吉村秋陽とも親しくする。三〇代で郷里に青谿書院を開いて、門弟の育成に努める。潜菴との交流から劉念台の思想を吸収し、そこに朱子学を折衷した。陽明は禅から脱していないとしてむしろ念台を通じて朱子学における「慎独」を学の要点とした。学問では帰寂派に惹かれ、維新前後の洋学尊重の気風を批判した。

東澤瀉（一八三二〈天保三〉年～一八九一〈明治二四〉年）は、岩国に生まれる。名は正純、字は崇一。古学・古文辞学を修め、佐藤一斎に入門して大橋訥菴・吉村秋陽らと交わった。特に秋陽から陽明学を学んだ。これまで紹介したほかの陽明学者とは異なり、陽明学の現成派も重んじた。また勤王思想から倒幕論にも傾倒して、一時流罪の憂き目にあっている。澤瀉塾を開く。陽明学会を組織した東正堂は息子であり、正堂は『澤瀉先生全集』を編纂した。[13]

以上のように、幕末の陽明学者たちはいずれも、陽明以来の学問的伝統に沿った形で理解することができる。ところが、近代に入ると異なる様相を示すようになる。その代表的な人物といえるのが、三宅雪嶺（一八六〇〈万延元〉年～一九四五〈昭和二〇〉年）である。

二　三宅雪嶺『王陽明』について

三宅は、加賀に生まれる。本名は雄二郎。東京大学で哲学を専攻。一八八八〈明治二一〉年に政教社を設立して、雑誌『日本人』を創刊する。表層的な欧化主義に反発して、旺盛な執筆活動で国粋主義の主張を展開した。主な著作に『真善美日本人』、『王陽明』などがある。三宅雪嶺は明治期の陽明学研究の先鞭をつけた著作『王陽明』において、王陽明の思想を西洋思想と対比させている。[14]

三宅は「心即理」の章では「心」と「理」の意味するところを陽明の文言から考察した上で、それがヘーゲルの思想と通底すると主張する。

> 彼れ（筆者注・陽明）素好んで正反の二者を取り、即時を以て之れを契合せしむ、心即理の如き其の一例なり。これヘーゲルが関係の郡会して開発せるもの、即ち思想なりと立てたると一帰ならずんばあらず。[15]

本書『王陽明』を通じて見受けられる特色は、王陽明の思想と西洋思想の共通性を強調していることである。前述の点以外にも「良知」の理解において、カント・シェリング・ショーペンハウエル・ハルトマンの思想との類似性を指摘している（後述）。

また直接陽明学についての説明にはなっていないが、「儒教」の章ではこう書いている。

孔孟以外に立て一家の言を立つる者ありとするも、其論究する所毎に道徳に拘泥して真理を研究するの旨を得ずと謂うか、哲学が目的とする所と遠く相距たると謂うか。論究する所道徳にありとするも、道徳にして人生の体認を必すべき者とせば、其目的は尚真理に向う者にして、儒教が考究する所、真理の外にありとすべからず。[16]

儒教の徒が道徳を探求する姿勢を、哲学が目的とする真理の探究と異なるところがないと考えている。三宅は儒教思想の記述において、西洋思想をかなりの程度、意識していたといえる。

三宅は『王陽明』の刊本を、都合一五版まで出版しており、それを通して若干の内容の補訂を行っている。最初の出版は一八九三〈明治二六〉年の一一月二八日発行、その目次は以下の通りである。

伝
族譜
前半生
中年
晩年

教学
　儒教
　陽明前の儒教
　陽明の学説
　心即理
　知行合一
　良知　上
　良知　下
　陽明の志望
　祖述と反抗
　詞章

内容は「伝」の章で陽明の生涯を詳細に紹介し、「教学」の章では各々のタイトル通りに、陽明の学説とその周辺を陽明の文言を引用しながら記述している。さらに巻末には、陽明がものした文章が原文のまま転載されている。着目すべきは、「教学」の中の章名である。陽明の学説の内容を「心即理」、「知行合一」、「良知」などの用語を列挙して説明している。管見の限りでは、こうした章立ての仕方は江戸期までには見られない。すなわち、今日私たちが陽明の思想を紹介する時に用いる右記の簡潔な用語の使用は、明治前半期に端を発するといえる。

無論、右記の用語がいずれも陽明学を考える上で重要な概念となりうることは、三宅の『王陽明』以前の書物における説明の中でも変わらない。しかし「心即理」、「知行合一」、「良知」といった事典の項目立てのようにして陽明学の研究成果を記述することは、方法論以上の態度の変化といえる。

三宅雪嶺は、近代日本の陽明学研究の嚆矢ともいえる『王陽明』を出版した。その数年後に、三宅は大塩を題材にした知人の著作に序文を寄せた。その中で「平八郎が猛然崛起したるは当を得たるの事、何の不敬か之れ有らん[17]」と述べ、それに続けて王陽明の「狂」に関する記述を紹介した後、次のように書いている。

陽明も亦た人に狂を以て目せられ、已れ亦た狂を以て居らざるべからざる旨を述べり。然れども陽明の行動は寧ろ平穏なりき、これ陽明の器局宏大なりしにも由るべけれど、若し当時民を救うに急なること一層甚だしきものあるに於ては、更に一歩を進めざるべからざりしなり。平八郎の行動は頗る激にして、君子の風を欠く。陽明の大国的気風ありしに似ず。然れども其の忍びに忍びて一たび思い立ちては共倒れに倒れずんば止まずと決し、獅子奮迅の勢を以て突進せし所、是れ大和男児の特色を示すものならずや[18]。

そして大塩に対する賛辞を並べた後、次のように結論づけた。

彼れは自然に社会主義を得たるもの、而して竟に主義の為めに斃れたるものなり。故に平八郎はたとえ人品に於て陽明の下に出づるとするも、其の知行一致の点に至りては確かに之より一歩を進めたるものなり。(19)

大塩が救民の目的で立ち上がったことを過激な行動であったとしつつ、陽明の「狂」の思想と結びつけている。このように三宅は大塩を例に挙げて、陽明学が社会主義に通じる思想であると論じた。このような発想もやはり、明治になってから生じる。以上のような意味で、三宅は近代日本における陽明学理解において、転換点に位置する。いいかえれば、西洋思想との比較思想の観点から陽明学を考えるようになったとき、それまでの陽明学者とは異なる「陽明学研究者」が誕生した。

三　三宅雪嶺の儒教理解

では、三宅は陽明学を含めた儒教を西洋思想と比較するときに、どのような態度をとっていたのか。そのことを論じる前に、同時代を生きた井上哲次郎の儒教理解を見ておきたい。

井上哲次郎（一八五五〈安政二〉年～一九四四〈昭和一九〉年）は、大宰府に生まれた。少年期に中山徳山、長じては中村正直（敬宇）の下で、漢学を学ぶ[20]。東京大学で哲学、政治学を専攻。一八八四〈明治一七〉年から、ドイツに都合六年間の留学をする。同時期のドイツには森鷗外も留学しており、両者は親しく交流した。帰国後は帝国大学（東京大学から改称）教授、学習院講師などを務める。東洋思想（二一）の研究のかたわら『教育勅語』の公定解説書（『教育勅語衍義』敬業社刊、一八九一年）の執筆、国民道徳論（『国民道徳概論』三省堂書店刊、一九一二年）の宣揚などをおこなった。なお、正直は井上が著した『教育勅語衍義』の監修者でもあった。井上は一九〇〇〈明治三三〉年に、大部の陽明学研究書である『日本陽明学派之哲学』を公刊する。

井上はカントの思想と儒教を比較して、次のように述べた。

> カントの哲学からカント一派の学派が起こって居りますけれ共徳教というのとは違う。それは哲学派であります。その哲学派の中には倫理学者もありますけれ共儒教のような工合に発達して来て居るのでは無い。矢張り哲学であります。哲学は又孔子の徳教とは自ら区別せなければならぬ[22]。

井上は「徳教」という言葉で、西洋哲学からの儒教の別格化を図っている。こうした姿勢は三宅とは似て非なるものといえよう。井上は「徳教」という言葉で、儒教が西洋思想とは異なる思想であることを主張する。それに対して三宅は、儒教を西洋思想と同じ土俵で論じることを目指している。

三宅は儒教に対して、次のように述べている。

儒教は遂に哲学として熟考すべき価値なく、徒だ世に行わるるの汎くして久しきが為め僅かに重きを為し、時ありて理論のやや近似するあるを以て、枉て一種の哲学と称せるに過ぎずと為せり。[23]

理学の名称が普通に流用せられしは決して偶然に出でしにあらず、理学とは実に哲学の謂なりき。[24]

三宅が『王陽明』を執筆した目的は、決して旧来の思想の紹介だけにあったとはいえない。西洋思想と陽明学を比較し、儒教を同格に論じることが重要な目的であった。その理由を、例えば柳田泉は以下の点に求めている。

『王陽明』は、一見、直接日本に関係のない中国の哲人を論じたもののように受け取れるが、これを執筆した趣旨は、常時は勿論西洋崇拝熱の残っていた際で、学問的にもすべて西洋を偏重し、東洋を悪貶する気味がつよかったのに抗して、ここに偉大な一人の東洋的哲人の評伝を書いて、東洋にも西洋と同じく世界的に哲学として取り上げるべきものがあり、西洋思

想のカント、シェリング、ヘーゲル、ショッペンハウエルと肩を並ぶべき大哲人のあること
を世人に教えて、その学問的の自尊自重を促したものである。[25]

三宅にとって重要なことは陽明学の解説に西洋思想を用いることではなく、西洋思想を論じる土俵に王陽明の思想を引っぱり上げることであった。それを通して、東洋思想が西洋思想との比較に耐えうる思想であることを見せた。「心即理」や「良知」に新しい知識である西洋の思想との対比がおこなわれることで、西洋思想に対して東洋思想も有意義な思想であることを主張した。それは旧来の陽明学や儒教の受容のされ方に、変更を迫る作業でもあった。

四　三宅雪嶺と近代日本の陽明学

次に、近代日本における陽明学理解の特徴を概観し、何故そのような理解が生じたのかを考察したい。

前述（注15）のように、三宅は王陽明の重要な思想である「心即理」を、ヘーゲルの思想に通底すると考えていた。また、一八九五〈明治二八〉年出版の『王陽明』第二版では「ヘーゲルの心即理」という一章をわざわざ追加している。

そして「良知」については、以下のように解説する。

蓋しカント以下諸家各々説を異にすると雖も、観念を主とするは一にして、且つ相差別する所も何等かの変形に於て相融合する多く、シェリングの絶対は、ヘーゲルの理法の元始、ショッペンハウエル、ハルトマンの意志の本源にも通ずべければ、陽明の孰れにも多少類似するあるは怪むべからず。

カントは意志と道理との分合を明かにせずして、後人亦之れを明にするに苦しみしが、陽明は二者を全然合一して良知と称し、カントの実践道理批判を以てカント以後の極端なる観念教を建立せんと為しし者と見做して可ならんか。若し陽明に過失あらば、カントの道徳論にも免れざる結果にして、遂に之を避けんとせば勢い倫理学上幾分の疑義に陥らざるを得ざるべし（傍線部筆者）[26]。

三宅は陽明学を、それがたまたま東洋に現れただけで、西洋哲学と同様であるとすら考えている。では、もう一点の陽明学にとって重要な「知行合一」についてはどうであろうか。三宅は次のように述べる。

知已に明らかに知了するも、行遂に伴うと能わざる者あらずや[27]。

「知行合一」を、知った以上は行動に移さないことはできないという意味に解釈する。これについては、説明する必要がある。

新渡戸稲造は、陽明学の知行合一説と武士道に親和性を感じ、次のように書いた。

> 武士道はかかる種類の知識を軽んじ、知識はそれ自体を目的として求むべきではなく、叡智獲得の手段として求むべきであるとなした。それ故に、この目的にまで到達せざる者は、注文に応じて詩歌名句を吐き出す便利な機械に過ぎざるものとみなされた。かくして知識は人生における実践躬行と同一視せられ、しかしてこのソクラテス的教義は中国の哲学者王陽明において最大の説明者を見出した。[28]

新渡戸は「知識はそれ自体を目的として求むべき」ものではなく、「実践」と同一視することを説く。同様に岡倉天心は、陽明学が「儒教をふたたびその本来の領域、実践道徳の領域へとひきもどした」ことが明治維新と関連すると主張した。[29] その理由を、陽明学が「行動することを教える」[30] 思想であったためとする。

陽明学が行動を重視する思想であるという解釈は、井上もとっている。それは、陽明学の重要な思想である「知行合一」への解説の中で述べられている。井上は王陽明の思想を説明して、以下のように述べている。

朱子は先ず知りて後、行うべしとすれども、陽明は知行の先後を言わずして、知行一致を主張せり。故に朱子は学理を重んじ、陽明は実行を尚ぶの異同あり。此れに由りて之れを観れば、朱子学と陽明学とは、一長一短、何ずれを其れとも定め難し。然れども朱子学は能く博学多識の士を出だせども、動もすれば即ち人をして固陋迂腐ならしむるの弊あり。之に反して陽明学は往々浅薄の訾を免れざれども、学者をして短刀直入、其正鵠を得せしむるの一点に至りては、確に朱子学に優れり。[31]

井上は「知行合一」に対して、陽明学が「実行を尚ぶ」思想であることを意味するとしている。井上は「知行」を「学理」と「実行」であると解釈して、陽明学が「行」の方を重視する思想であると考えていた。井上の陽明学理解も、得られた知識を実際におこなうことを重視する実践の強調という認識を示している。

このように明治期に理解された「知行合一」の思想は、明治維新を成し遂げたことと関わる点で、実践論という面が注目された。陽明学の「知行合一」を知ったことはおこなわなければならないという実践強調論としたのは、たしかに当時の誤解に基づくものである。本来陽明学の知行合一論において重視されていたのは「行」ではなく、「知行」を合一させるための「心」への注目である。[32]しかし倒幕の激変を経験した明治の知識人たちには、その原因を説明し、事態を正当化する思想的根拠が必要だったのであろう。その役目が「実行を尚ぶ」陽明学に担わされた。

以上のように、明治期には「知行合一」を実践重視の思想ととらえる向きがあった。三宅も同様の理解を示している。さらに三宅は、そうした「知行合一」＝実践重視論を、西洋哲学と結びつける。

> 知識と行為とは親密の関係あり。否、単に親密の関係あるのみならず、合一にして分離すべからざるものなりという意見なり。此意見を主張せる者は前には泰西にソクラテスあり、後には東洋に王陽明あり[33]。

知識と実践を一体のものとする思想を唱えたのは、東洋では王陽明、西洋ではソクラテスであると述べる。

重要な点は、右の三宅の著作が発表されたのは、先の井上らの著作より前という点である。一八九三〈明治二六〉年に刊行された三宅の『王陽明』は、近代日本における本格的な陽明学研究書の嚆矢である。そうした著作に右のような議論が見られるということは、陽明学を実践重視論とみなす「誤解」は、西洋哲学との比較によって生じた可能性も考えられる。三宅は「知行合一」が実践を重視する思想ととらえ、ソクラテスも同様であると主張する。儒教が西洋思想と肩を並べると考えていた三宅には、陽明学に西洋哲学との共通点を探ることが重要であった。そういう意図を有していた三宅には王陽明が、人々との対話を繰り返したソクラテスのように、実行を重んじる思想家に映ったのかも知れない。

五　まとめ

近代日本において、陽明学には新たな見方が加わった。特に転換点となったのが三宅雪嶺である。三宅は王陽明の思想を辞書的に項目立てて解説し、それまでの陽明学者とは異なる記述の仕方をとった。さらに陽明学を西洋思想や社会主義と比較して考察することで、陽明学理解の新たな方向性を示した。こうした態度は同時代に共通していたが、必ずしも全員が西洋思想と儒教の共通性を論じたわけではない。例えば井上哲次郎は「徳教」という言葉で、西洋哲学からの儒教の別格化を図っている。それに対して三宅は、儒教が西洋哲学と同格であることを主張する。

そうした理解は、三宅が「心即理」「良知」「知行合一」という陽明学の重要な思想を、西洋哲学と通底すると考えていることからもわかる。その中でも「知行合一」を実践重視論とする理解は、同時代の他の陽明学研究の著述にも見られる。そうした著述に先駆けた三宅の『王陽明』では、実践を重視する思想が、王陽明と同様にソクラテスにも見られると明言している。ゆえに、近代日本における陽明学解釈は、西洋哲学との比較から生じた可能性がある。

それは誤解に基づくものであるが、西洋思想と東洋思想を強引に結びつけるような作業を通してでも、当時の知識人が達成したかったことがあるのかも知れない。それは近代化する日本を含めて、西洋に遅れている東洋にも、西洋に比肩しうる思想があるという自負に由来する見方を証明することだったであろう。

注

1 岡田武彦「日本人と陽明学」（岡田武彦編『陽明学の世界』明徳出版社、一九八六年、四三〇〜四五六ページ所収）。

2 その理由を、岡田は次のように説明している。「当時は尊王攘夷を標榜し、国体の護持を力説して国事に狂奔するものが多かったが、右の学者たちは、このような行動も静深な心術、真切な実功を用いない限り、外、道義に名を仮り、内、権詐功利に陥るを免れず、その結果、国家の元気を傷い世の綱紀を敗り、却って生民を塗炭の苦しみに陥れるに至ると考えた。彼らが講学明道をもって時弊救済、艱難克服の第一義となす理由はここにあったのである」（岡田武彦、同論文、一一三ページ）。

3 東林学派の記述については、日原利国編『中国思想辞典』（研文出版、一九八四年）三三五ページを参照した。また小野和子『明季党社考――東林党と復社――』（東洋史研究叢刊、同朋舎出版、一九九六年）。溝口雄三『中国前近代思想の屈折と展開』（東大出版会、一九八〇年）も参照。

4『岡田武彦全集二一巻江戸期の儒学』（明徳出版社、二〇一〇年）、一一二ページ。また岡田の東林学派についての見解は、岡田武彦「東林学の精神――顧憲成・高忠憲を中心として――」（『岡田武彦全集一八巻宋明哲学の本質下』明徳出版社、二〇〇九年所収）も参照。

5『岡田武彦全集一〇巻王陽明と明末の儒学上』明徳出版社、二〇〇四年、一六三ページ。

6 同書、一六四ページ。

7 同書、一六四ページ。

8 同書、一六五ページ。

9 ただし「右派」「左派」という呼び方は、後藤基巳「清初政治思想の成立過程」（『漢学会雑誌』一〇巻二号、一九四二年一〇月、六九～一〇二ページ）が採用した用語である。また荻生茂博は、先述の島田虔次による『中国における近代思惟の挫折』が、嵆文甫『左派王学』に影響を受けたことを指摘する（荻生茂博『近代・アジア・陽明学』ぺりかん社、二〇〇八年、三九六ページ）。この流れを荻生は、陽明後の学問の展開の中で特に李卓吾を称賛する見方とする。

10 さらに三者の学統についての詳しい所論は、『岡田武彦全集一〇巻王陽明と明末の儒学上』（明徳出版社、二〇〇四年）、同一一巻『王陽明と明末の儒学下』（明徳出版社、二〇〇四年）、同一八巻『宋明哲学の本質下』（前掲）に所収の論考を参照。

11 「中斎にとって陽明学とは、東林派に代表される国の難局に死生を越えて節義を貫く政治的実践者、『士』の心術に他ならなかった」（荻生茂博『近代・アジア・陽明学』前掲、三三八ページ）。

12 岡田武彦『江戸期の儒学』前掲、四六ページ。

13 以上の陽明学者たちの経歴については、岡田武彦『江戸期の儒学』前掲、一一三～一二四ページ。及び二一八～二八二ページ。宮崎十三八・安岡昭男編『幕末維新人名事典』（新人物往来社、一九九四年発行版）。上田正昭ほか編『講談社日本人名大辞典』（講談社、二〇〇一年発行版）。荒木龍太郎「日本における陽明学の系譜（下）——幕末明治前期を中心に——」（岡田武彦編『陽明学の世界』前掲、四〇六～四二二ページ所収）。吉田公平「東敬治編『澤瀉先生逸話籠』の特色」（『東洋大学中国哲学文学科紀要』一八号、二〇一〇年三月、一～一五ページ）を参照した。

14 三宅雪嶺は、一八八八（明治二一）年、政教社を結成する。同志には評論家で地理学者でもあった志賀重昂や、昭和天皇の教育係を務めた杉浦重剛、哲学者の井上円了らがいた。雑誌『日本人』を創刊して国粋主義を広めたといわれ、徳富蘇峰の民友社と併称された。政教社の特徴をよくまとめた岡利郎の文章がある。

「先に挙げたような政教社に結集した人々は、非藩閥系の小藩士族出身、世代的には一八六〇年前後の生まれ、そして幼少期に漢学を学びのち貢進生制度などによって明治政府に徴募され、新設の帝国大学等で西洋最新の専門的学問を学び、帝国大学・札幌農学校等の官立高等教育機関の最初又はごく初期の卒業生であるという共通性をもっていた。かれらはいわば明治政府の欧化政策の申し子とでも云うべき存在であった。しかし同時にかれらは白紙の状態で西洋の学問を受容したわけではない。幼少年期の共通の教養として漢学を身につけていた。この西洋最先端の学問と伝統的漢学との独特の組み合わせこそがかれらの共通の教養目録であった」(岡利郎「『文明批評家』三宅雪嶺」同『山路愛山――史論家と政論家のあいだ――』研文出版、一九九八年、二三四〜二三五ページ所収)。三宅の『王陽明』における陽明学の記述は、正に「西洋最先端の学問と伝統的漢学との独特の組み合わせ」の産物といえる。なお岡による右の評論は、簡にして要を得た三宅の評伝となっている。

15 三宅雄二郎(雪嶺)『王陽明』政教社、一八九三年、八二ページ。

16 三宅雄二郎(雪嶺)、同書、五六ページ。

17 国府種徳(犀東)『大塩平八郎』東京裳華堂、一八九六年、「序」、二ページ。

18 国府種徳、同書、「序」、五〜六ページ。

19 国府種徳、同書、「序」、六ページ。

20 正直は「尤モ余桃の三不朽ヲ具スヲ重ンズ」(中村正直「自叙千字文」西周ほか『明治文学全集三明治啓蒙思想家集』筑摩書房、一九六七年所収、三四三ページ、原漢文)と述べたこともある。源了円はこの言葉を根拠にして、正直の師である佐藤一斎からの影響を見る。「敬宇は師と違って実質的には朱子学者であったが、陽明学を通じて心法の工夫ということを重んじたようだ」と論じている(源了円「明六社の思想――幕末・維新期における中村敬宇の儒教思想――」『季刊日本思想史』二六号、一九八六年五月、六九〜九七ページ)。

21 井上は自身の研究を「東洋哲学」と認識していたが、これは井上が留学の経験から西洋哲学への対抗を考えていたためである。本論では「東洋思想」の呼称で統一する。

22 井上哲次郎「孔子の人格に就て」一九〇七年。

23 三宅雄二郎(雪嶺)『王陽明』前掲、五三ページ。

24 三宅雄二郎(雪嶺)、同書、五四ページ。

25 福沢諭吉ほか『日本現代文学全集2福沢諭吉・中江兆民・岡倉天心・徳富蘇峰・三宅雪嶺集』(講談社、一九六九年)、四〇一ページ。

26 三宅雄二郎(雪嶺)『王陽明』前掲、一〇五〜一〇六ページ。

27 三宅雄二郎（雪嶺）『王陽明』前掲、八三ページ。

28 新渡戸稲造著、矢内原忠雄訳『武士道』岩波書店、一九三八年、一九七四年改版、三六ページ。

29 色川大吉編『岡倉天心』中央公論社、一九七〇年、二二〇～二二二ページ。

30 色川大吉編、同書、二一八ページ。

31 井上哲次郎『日本陽明学派之哲学』冨山房、一九〇〇年、「叙論」、四～五ページ。

32 既に荒木見悟が「知行合一論は、陽明学の実践的性格を端的に示すものだと、しばしばいわれるが、朱子学とてもそれなりに十分実践的性格をもつものであり、こうしたあいまいな表現で両者の優劣を論ずることは適切ではあるまい」（荒木見悟編『世界の名著続四朱子王陽明』中央公論社、一九七四年、四三ページ）と述べている。では「知行合一論」の本旨はどこにあるかといえば、「徹頭徹尾、本心の自己発展・自己充足としてのそれでなければならない。従来、知行合一を解するのに、とかく知行の二字のみに注目し、その背後に隠された『本心』（心の本体）を軽視したがために、陽明の真意を十分にとらえ得なかったうらみがある」（同書、四三ページ）という。

島田虔次は「知行合一」について、次のように述べる。

「要するに、陽明のいうところによれば、心の本体であるところの天理、それをあらゆる場合、あらゆる事象のうえに実現する、ということである。すなわち、致知ということは知識を磨くということではなくて、知（良知）を実現する、という意味なのである。陽明学が『知行合一』と称せられるのはまさにこの点に由来する。『大学』には真の知行を、『好色ヲ好ムガゴトク、悪臭ヲ悪ムガゴトク』と教えているが。美しい色を見るのは『知』の範疇に属し、美しい色を好むのは『好』の範疇に属す、と一応考えられるのであろう。しかし実際は、色を見るときには、すでに好んでいる」（島田虔次『朱子学と陽明学』岩波書店、一九六七年、一三〇ページ）。

本来の陽明学における「知行合一」で重要な点は、実践としての「行」ではなく、「知」と「行」を統一するための心を正しく保つことにあるといえよう。なお小島毅は、陽明学が朱子学を「先知後行」と批判したことで陽明学の知行合一が誕生したに過ぎないと述べ、「何よりも重要なのは〈心〉の主体性の確立」と考察している（小島毅『朱子学と陽明学』筑摩書房、二〇一三年、一一六ページ）。

33 三宅雄二郎（雪嶺）『王陽明』（第二版）、一八九五年、八二ページ。

報告

水戸学における尊王攘夷について

松﨑哲之

はじめに

本シンポジウムは「近代日本の学術と陽明学」と題されているが、本報告は「水戸学における尊王攘夷について」というタイトルで発表させていただく。近代とも陽明学とも直接的にはあまり関わらないことをまずはお断りしておきたい。しかし、水戸学は陽明学とともに行動を重視し、日本を明治維新へと導いた学問とみなされており、本日、基調講演をしていただいた小島毅氏の『近代日本の陽明学』の中でも、水戸学は日本近代史における陽明学の展開の中で重要な役割を担っていた学問として扱われている。近代日本における学術と陽明学を検討する上で、水戸学も俎上にあげておくことはあながち的外れではないであろう。

確かに江戸時代後半、水戸藩は勤王を掲げる藩として活躍し、その行動を支えている水戸学は幕末の志士達に大きな影響を与え、時代を明治へと突き動かしたと言える。しかし、近代において語られる水戸学と、幕末期水戸藩内において機能した水戸学とには、いささかの違いがあることを感じざるを得ない。その原因のひとつに近代と近世において土台となっている学問の違いがあることが挙げられる。それは陽明学も同じである。そこで、水戸学が生み出した最も有名な言葉である「尊王攘夷」をとりあげ、水戸学がなぜ行動を重視する学問へとなったのか、その遠因から検討していく。それによって水戸学と陽明学との違いを明らかにし、そこから水戸学や陽明学が近代日本においてどのようなバイアスがかかって受容されていったのか考えるきっかけを作ることを本報告の目的としたい。

尊王攘夷

さて、最初に「尊王攘夷」の由来から確認していくことにしよう。幕末に流行した「尊王攘夷」という言葉は水戸藩藩校弘道館の開学理念を示した「弘道館記」に示された次の言葉に由来している。

我が東照宮、撥乱反正、尊王攘夷、允(まこと)に武、允に文、以て太平の基を開きたまふ（我東照宮、撥乱反正、尊王攘夷、允武、允文、以開太平之基）。

本報告では、この言葉を起点にして水戸学について考察していくことにしたい。

水戸の学問は、水戸藩二代藩主徳川光圀が『大日本史』の編纂事業を始めたことを端緒としている。その編纂作業は一六五七（明暦三）年にはじまり、江戸時代もとうに終わった一九〇六（明治三九）年にようやく完了している。つまり、約二五〇年間にわたって、水戸藩の関係者は日本史の編纂事業に関わっていたことになる。この江戸時代を通しての日本史編纂作業が、幕末の水戸藩に独自の学風である水戸学を生み出したのである。

光圀は日本史編纂事業を興すにあたって、朱子学・京学・崎門学・古義学など、様々な学派の学者を採用し、後には古文辞学や国学の影響を受けた学者も編纂事業に参加している。また、光圀が招聘した明からの亡命者である朱舜水は、多くの弟子を育て、後の水戸の学問に大きな影響を及ぼしたが、彼は浙江省余姚の出身であり、王陽明や黄宗羲と同郷である。王陽明は五経皆史説を唱え、独自の歴史観を主張し、黄宗羲も歴史を重視した人物なので、本シンポジウムの趣旨からすると、朱舜水の陽明学的要素ひいては水戸学における陽明学も検討したいところであるが、私の不勉強でそれを見出すことはできていない。ただ、光圀は『孝経』と『小学』を最も重視しており、後期水戸学の藤田幽谷、会沢正志斎も『孝経』を重視している。その点、陽明学派の祖である中江藤樹の影響関係があるかもしれない。また、藤田幽谷は「熊沢伯継伝」を執筆しており、真筆かどうかは不明であるが「正志斎自写本」と題簽に記された「熊沢伯継伝」の写本が私の手元にはある。東湖も熊沢蕃山に傾斜していた時期があるとされており、彼らの学問に陽明学の影響がある可能性もある。そのことは今後の検討事項とさせていただく。

いずれにしても『大日本史』は長きにわたり編纂が続けられ、様々な学派の人々が関わっていたため、水戸学は、一見、捉えがたい学問とされている。確かに水戸学には様々な学問の影響をうかがうことができる。ただし、やはり水戸学は『大日本史』編纂作業を通じて築かれたものであり、その思想の骨格は中国の歴史思想、特に春秋学が大きな影響を与えていると考えられる。このことは戦前、高須芳次郎『水戸学派の尊王及び経綸』、特に「第八章　大日本史の思想的背景としての宋学」（一三五ページ〜一五二ページ）で論じられていたが、最近は春秋学の観点から水戸学を検討することはあまりなされていない。そこで、今回はあらためて春秋学から水戸学を考えていくことにしたい。

まず、さきほど挙げた「撥乱反正、尊王攘夷」の出典について確認していこう。この言葉の前半の「撥乱反正」は『春秋公羊伝』哀公一四年の「君子曷為ぞ春秋を為(つく)るや。乱世を撥(おさ)めて、諸(これ)を正しきに反すは、春秋より近きは莫し（君子曷為為春秋。撥乱世、反諸正、莫近諸春秋）」に由来している。続く「尊王」であるが、「尊王」という言葉自体は、『春秋』経文および『公羊伝』『穀梁伝』『左氏伝』にはない。しかし、周王を秩序の頂点として尊重する考え方は『春秋』全篇にわたって貫かれており、『春秋』冒頭の隠公元年「元年春王正月」に、すでにそれを垣間見ることができる。尊王については、後にまた確認する。

最後の「攘夷」であるが、これも『公羊伝』僖公四年に「南夷と北狄と交々し、中国絶えざること綫のごとし。桓公は中国を救い、夷狄を攘い、卒く荊を帖す。此を以て王者の事を為すなり（南夷与北狄交、中国不絶若綫。桓公救中国、而攘夷狄、卒怗荊。以此為王者之事也）」とあるように、斉の桓公の業績に対する『公羊伝』の言葉がその由来である。このように「撥乱反正、尊王攘夷」の由来だけからみても、水戸学における春秋学の影響を窺うことができよう。

「正名論」における『春秋』

ところで、「弘道館記」の草稿は、藤田東湖が執筆したものであるが、その父は実質的な後期水戸学の創始者、藤田幽谷である。彼の学問にも春秋学の影響が多く見受けられる。それは彼が一八歳の時に執筆した「正名論」にすでにみることができる。その冒頭は次の通りである。

> 甚だしいかな、名分の天下国家に於いて、正且つ厳ならざるべからざるや。其れ猶お天地の易うべからざるがごときか。天地有りて、然る後に君臣有り。君臣有りて、然る後に上下有り。上下有りて、然る後に礼儀措く所有り。苟も君臣の名 正しからずして、上下の分 厳ならざれば、則ち尊卑位を易え、貴賤所を失い、強は弱を凌ぎ衆は寡を暴して、亡ぶこと日無けん。故に孔子曰く「必ずや名を正さんか。名正しからざれば、則ち言順ならず。言順なら

ざれば、則ち事成らず。事成らざれば、則ち礼楽興らず。礼楽興らざれば、則ち刑罰中らず。刑罰中らざれば、則ち民手足を措く所無し」と。周の方に衰うるや、強覇こもごも起こり、列国力争して、王室絶えざること綫の如きも、猶天下の共主たり。而して孔子春秋を作りて、以て名分を道い、王として天と称し、以て二尊無きことを示す。呉楚王を僭するも、貶しめて子と称し、王人微なりと雖も、必ず諸侯の上に序す。其の惓々として名を正し分を厳にする所以の者は、一にして足らず。故に曰く「天に二日無く、土に二王無し」と。一に統べらるるを言うなり（甚矣、名分之於天下国家、不可不正且厳也。其猶天地之不可易邪。有天地、然後有君臣。有君臣、然後有上下。有上下、然後礼義有所措。苟君臣之名不正、而上下之分不厳、則尊卑易位、貴賤失所、強凌弱衆暴寡、亡無日矣。故孔子曰、必也正名乎。名不正、則言不順、言不順、則事不成、事不成、則礼楽不興。礼楽不興、則刑罰不中。刑罰不中、則民無所措手足。周之方衰也、強覇更起、列国力争、王室不絶如綫、猶為天下共主。而孔子作春秋、以道名分、王而称天、以示無二尊。呉楚僭王、貶而称子、王人雖微、必序於諸侯之上。其惓々所以正名厳分者、不一而足。故曰天無二日、土無二王。言統於一也）。

「正名論」は、『論語』子路篇の正名を基礎に置いて、名分について論じているものであるが、今井宇三郎・瀬谷義彦・尾藤正英『水戸学』の頭注に「この一文は資治通鑑冒頭の名分論を典拠としたものと見られる（一〇ページ）」と指摘されているように、「正名論」には、ところどころに『資治通鑑』

の言葉や、『資治通鑑』に引用されている『春秋』の用語があり、幽谷が「正名論」を執筆するにあたって、下敷きにしたのは『資治通鑑』であったことは確かであろう。

司馬光は『資治通鑑』冒頭に名分論を説き、その名分論に基づいて戦国時代から五代十国時代までの通史を編纂している。その名分論の根本にあるのが、『荘子』天下篇に「春秋は以て名分を道う」と述べられたように、『春秋』であった。すなわち、中国の歴史思想の根本には『春秋』の思想があったのである。幽谷の学問は『大日本史』の編纂を基礎として築かれたものであり、「正名論」にも『荘子』天下篇の言葉が引用されているように、彼の思想の根底には『春秋』が置かれているのである。

では、ここに引用した「正名論」にみられる『春秋』について確認しておくことにしよう。まず、「正名論」の「王室、絶えざること綫の如き」は先ほど確認した『公羊伝』僖公四年にみられる言葉である。「王として天と称す」は、『春秋』経文で周王を「天王」と称したことに基づくものである。『春秋』において「王」ではなく「天王」としている理由については、隠公元年「秋七月、天王 宰咺をして来たり恵公仲子の賵(ぼう)を帰(おく)らしむ」(秋七月、天王使宰咺来帰恵公仲子之賵)の『公羊伝』「何を以て仲子と(及)言わず。仲子微なればなり」(何以不言及仲子。仲子微也)の何休注に「天王と言うは、時に呉楚、上の王を僭称するも、王は正す能わずして、上に自ら天に繋ぐなり」(言天王者、時呉楚、上僭称王、王者不能正、而上自繫於天也)とあり、当時、周王は、王を僭称していた呉や楚を正すことができなかったため、自らをより高めるために「王」の上に「天」を加えたとする。

逆に王を僭称していた呉や楚については、『春秋』では「楚子」や「呉子」と記される。それが「貶めて子と称す」ことであり、周王をより高め、呉や楚を貶めて子の爵位を与えることで、理念の上で、周王の尊さを示したとするのであった。

これと同様に周王の尊さを示したものが「王人、微なりと雖も、必ず諸侯の上に序す」である。これは僖公八年『公羊伝』「王人とは何ぞや。微者なり。曷為ぞ諸侯の上に序するや。王命を先んずればなり」（王人者何。微者也。曷為序乎諸侯之上。先王命也）に基づいた言葉であり、「王人」は王の臣下であるが、王の命を背負っているため、諸侯よりも上に序列するとしている。

そして、最後の「一に統べらるるを言う」も隠公「元年春王正月」の『公羊伝』「何ぞ王正月と言う。一統を大べばなり」（何言乎王正月。大一統也）が典拠である。この言葉は、後に一人の帝王が中国を支配するという正統論、その帝王を秩序の頂点として各身分の行動を規定する名分論の根拠となるものであり、尊王思想に関わる重要な言葉である。

また、「一にして足らず」（不一而足）という言葉は、藤田幽谷や東湖、会沢正志斎などの文章にしばしば使われているが、これも『公羊伝』に由来する。文公九年および襄公二九年の『公羊伝』には「夷狄を許すは、一にして足らざるなり」（許夷狄者、不一而足也）とあり、夷狄を中華の一員として認めるには、一気に進めることはせずに、ひとつひとつ進めていくという意である。楚に対しては荊などの地名から始め、徐々に進めて楚子と称すことが最も進めたことになる。ここでは、ひとつでは十分ではない、ほどの意味で使われているが、この言葉を使うことも『公羊伝』の影響があるといえよう。

このように藤田幽谷、つまり水戸学の基本は『公羊伝』に端を発する春秋学にあり、幽谷は『大日本史』もその発想で捉えていた。先ほど確認した『公羊伝』哀公一四年に「乱世を撥めて諸を正しきに反すは、春秋より近きは莫し」とあったように、『春秋』は乱れた世を正しい秩序に反すため編纂されたものとされていた。『春秋』は歴史書の規範であり、『大日本史』も同様の観点で編纂されていたのである。幽谷にとって天皇を頂点に据えた『大日本史』の秩序は、今に実現すべき理想の秩序であった。そのため、前期水戸学は『大日本史』の編纂が主となるが、後期水戸学では『大日本史』の中に込められた理想秩序を実現すべく行動が求められたのである。

藤田幽谷が『大日本史』の論賛の削除や、その名称を『史稿』に変更することを主張した点もこれによる。この行動を重視した点がしばしば陽明学的ととらえられるかもしれない。しかし、水戸学は『大日本史』の中に込められた理想秩序を実現しようとしたものであり、それは、我が心の良知は行動によって示されるとする知行合一の陽明学というよりも、やはり、知ったことを実践するという先知後行の朱子学的な発想であるといえよう。

徳川光圀と『春秋』

さて、このように水戸学では、歴史に示された秩序は実現すべきものとされたが、それを最初に示した人物は『大日本史』の編纂事業を始めた徳川光圀だといえる。
不良少年であった光圀が更生し、日本史の編纂事業をはじめようとしたのは、次の『史記』伯夷列伝を読んだことがきっかけとされる。

伯夷・叔斉は孤竹君の二子なり。父叔斉を立てんと欲す。父卒するに及び、叔斉伯夷に譲らんとす。伯夷曰く、父の命なりと。遂に逃れ去る。叔斉も亦立つことを肯ずして之を逃る。国人其の中子を立つ（伯夷・叔斉孤竹君之二子也。父欲立叔斉。及父卒、叔斉譲伯夷。伯夷曰、父命也。遂逃去。叔斉亦不肯立而逃之。国人立其中子）。

伯夷列伝は、孤竹君の二子、伯夷と叔斉が君主の地位を譲り合った話からはじまる。そこには、孤竹君は自分の後継ぎを弟の叔斉にしようとしていたが、父が亡くなった際、叔斉は君主の位を兄の伯夷に譲ろうとし、伯夷は父の命だからとそれを受けず、二人とも国外へと逃れたことが述べられている。光圀も兄の頼重がいながら世子となっており、叔斉の境遇と重なっている。そのため、光圀はこの逸話に感銘を受けたのであり、以後、更生して勉学に励み、さらには、父頼房が亡くなった際に、兄弟を集め、藩主に就任するには、兄の子を養子とすることを条件とし、渋る兄にそれを認めさせ、藩主に就任すると兄の子を世子に任じている。もちろん、光圀としては兄に位を譲りたかったのであろうが、光圀を世子に任じたのは、父ばかりではなく、将軍家光でもあり、それを実行することはできない。そこで、自分の死後に位を兄の家系に譲ろうとしたのである。この光圀の行為は、当然『史記』伯夷列伝によっているものである。

では、なぜ、伯夷列伝の冒頭に、伯夷と叔斉が君主の地位を譲り合った話があり、光圀はそれに則った行動をしようとしたのであろうか。

実をいうと、この伯夷列伝にみられる君主の地位を譲り合う話も、『公羊伝』の影響ということができる。『公羊伝』冒頭もまた、君主の地位を譲ろうとした話なのである。

隠公元年の経文は「元年春王正月」であるが、ここで問題になるのは、君主の元年にあるはずの「公即位」が、隠公にはない、ということなのである。なぜ、ないのか。『公羊伝』では、その理由を次のようにあげる。

公は何を以て即位を言わず。公の意を成せばなり。公の意を成すとは何ぞ。公は将に国を平かにして之を桓に反さんとするなり。曷為ぞ之を桓に反さんや。桓は幼きも貴く、隠は長なるも卑しければなり。其の尊卑為るや微なり。国人知る莫し。隠は長にして又賢なり。諸大夫隠を扳(ひ)きて之を立つ。隠は是に於いて立つるを辞さば、則ち未だ桓の将に必ず立つるを得るかを知らざるなり。且如(か)りに桓立つも、則ち諸大夫の幼君を相(たす)く能わざるを恐る。故に凡そ隠の立つるは、桓の為に立つるなり。隠は長にして又賢なるに、何を以立つるに宜しからざるや。適を立つるに長を以てし、賢を以てせず。子を立つるに貴を以てし、長を以てせざればなり。桓は何を以て貴し。母貴きなり。母貴ければ則ち子は何を以て貴し。子は母を以て貴く、母は子を以て貴し（公何以不言即位。成公意也。何成乎公之意。公将平国而反之桓。曷為反之桓。桓幼而貴、隠長而卑。其為尊卑也微。国人莫知。隠長又賢。諸大夫扳隠而立之。隠於是焉而辞立、則未知桓之将必得立也。且如桓立、則恐諸大夫之不能相幼君也。故凡隠之立、為桓立也。隠長又賢、何以不宜立。立適以長、不以賢。立子以貴、不以長。桓何以貴。母貴也。母貴則子何以貴。子以母貴、母以子貴）。

『公羊伝』では、隠公元年に「公即位」がないのは、隠公の意志を実現させたからだとする。君主の優先順位は、母の身分が高かった弟の桓公にある。しかし、桓公はまだ幼い。桓公が将来、即位できるかは分からないし、今、即位したとしても諸大夫が桓公を輔佐するかは不明である。そこで、隠公は、将来、桓公に位を継がせるために、やむを得ず即位したまでであり、そもそも即位するつもりはなかった。すなわち、隠公は桓公に君位を返す、譲るつもりであった。だから、隠公の心情を慮って、孔子は「公即位」を記さなかったとするのである。

果たしてそれは歴史的事実なのであろうか。隠公の心情などは歴史的事実として確認するすべはなく、推量するしかない。おそらく、『公羊伝』は隠公の心情という目に見えないものを利用して、理想の秩序を構築したのであろう。社会秩序の混乱の原因の多くは君主の継承時にある。そこで、『公羊伝』では君主継承時の混乱を防ぐために、あらかじめ継承順位を決めておき、それに従うことの重要性を示す必要があったのである。そのため、『公羊伝』では『春秋』冒頭に「公即位」がないことを、桓公に位を譲ろうとした隠公の意志と解釈し、君主の継承順位を示すとともに、それに従うことの重要性を説き、そのような行為を美徳とみなそうとしたのである。

この『公羊伝』の影響は『史記』にもみることができる。『史記』もまた五帝本紀、呉太伯世家、伯夷列伝という、本紀・世家・列伝の冒頭はすべて君主の地位を譲る話なのである。

列伝の冒頭はさきほど確認した伯夷列伝であり、本紀の冒頭、五帝本紀は、有徳者に位を譲った禅譲の時代である。世家の冒頭は呉太伯世家が置かれているが、呉はそもそも夷狄と見なされていた国である。なぜ呉が冒頭なのか。それは太史公自序に「伯の譲るを嘉して呉世家第一を作る」とあるように、君主の地位を譲った呉太伯の行為を讃えたからにほかならない。呉太伯は、周の太王の長子であるが、太王は末子の季歴の子の昌（後の周の文王）に位を譲ろうと考えていた。太伯はそのような父太王の意をくみとり、次弟の仲雍とともに南方へと逃れ、周の君位は、末弟の季歴からその子の昌へと無事に伝わった、このようなことが呉太伯世家の冒頭に記されているのである。

このように『史記』はその冒頭である五帝本紀から、世家・列伝の冒頭も君主の地位を譲った話が描かれている。もちろん、それは偶然ではなく、意図したものであり、君主の地位を譲ることは、社会の混乱を防ぐ重要な要素として、それを実行した人物を冒頭に掲げて表彰したのである。

このように、君主の地位を譲ることは、美徳の持ち主として歴史書で表彰される条件となる。逆に言えば、譲らないと美徳の持ち主ではないと貶められてしまうおそれがある。藩主就任時において、光圀はすでに日本史編纂事業をはじめている。当然、自分が歴史に記されることを想像したはずである。自分は美徳の持ち主、理想の君主として描かれなければならない。その場合、弟でありながら、君主の地位に素直に即いてしまったならば都合が悪い。とはいえ、光圀が藩主となることは幕府に承認されており、いまさらそれを覆すことはできない。そこで、藩主就任時に兄の子を世継ぎとすることで、次代に兄の家に君主の地位を譲る。それによって、歴史に名君として記される条件を充たそうとしたのではないだろうか。

いずれにしても、光圀の行動は、歴史に裏打ちされたものであり、歴史に示された理想の秩序は実現しなくてはならないものとみなされていたのである。ここでは、『史記』のもとになった『公羊伝』を例にあげたが、光圀は『公羊伝』に示された倫理規定にのみ従っていたわけではない。『春秋』の解釈は『公羊伝』をひとつの起点として、それに対するアンチテーゼとして『穀梁伝』があり、『左氏伝』も別の観点から名分を示している。光圀の行動や、『大日本史』が、それらの何によっているのかは、今後、検討が必要である。

水戸学における宋代春秋学の影響

さらに水戸学を検討する上で必要なのが、宋代の春秋学である。春秋学は唐の後半に孫復が『春秋尊王發微』を執筆して以来、唐代後半から宋代にかけてあらたな展開をする。北宋の時代には、欧陽脩が「正統論」を執筆し「正統」についての考えを深め、さきほど確認したように司馬光は名分論を強調した『資治通鑑』を著している。そして、それらに対して、朱熹が『資治通鑑綱目』を執筆し、より先鋭的な正統論と名分論を展開した。水戸学における正統論・名分論は、これら宋代の春秋学が大いに影響を与えている。それは先ほど確認した「正名論」からも窺うことができる。

尊王攘夷もこの宋代春秋学の影響があると考えられる。尊王攘夷をインターネットで検索すると、例えばコトバンクには「日本で江戸末期、尊王論と攘夷論とが結びついた政治思想」とあるように、尊王論と攘夷論がもともと別にあって、幕末期に両者が結びついて尊王攘夷論となったとしばしば語られている。確かにそうとも言えるが、両者は本来ひとセットの考え方であった。

尊王思想は、混乱した東周の時代において、孔子が理想の秩序を示すために、春秋の筆法を駆使して表現を微妙にかえることで、理念として尊王を歴史書の中に示したことがそもそもの起こりといえる。

しかし、東周の時代、権威の失墜した周王には諸侯に君臨する力はない。現実的には大国を有し武力を備えた覇者が中華世界を牛耳っていた。『孟子』公孫丑上に覇者は

孟子曰く、力を以て仁を仮る者は覇たり。覇は必ず大国を有つ。徳を以て仁を行う者は王たり。王は大を待たず（孟子曰、以力仮仁者霸。霸必有大国。以徳行仁者王。王不待大）。

とされる。孟子にとって覇者は否定的存在であった。

しかし、『公羊伝』では、現実的に力を備えた覇者の存在を認める。その最初に登場するのが斉の桓公である。桓公は強大な武力を背景に諸侯の旗頭となり、諸侯会議をしばしば主宰し、さらに諸侯連合軍を率いて、夷狄の楚を打ち負かした。

『公羊伝』では、桓公は夷狄の脅威から中華を救った英雄とみなし、このような覇者の存在を次のように容認する。

上に天子なく、下に方伯なく、天下諸侯に相い滅亡する者有りて、力能く之を救えば、則ち之を救うは可なり（上無天子、下無方伯、天下諸侯有相滅亡者、力能救之、則救之可也）。

この言葉が僖公元年、二年、一二年と繰り返されている。『公羊伝』では、実質的な力を備えた王者や、その下にあって諸侯を束ねるリーダー（方伯）がいない場合、その実力を有する覇者が王者や方伯に代わって弱者を救済することはやむを得ないとされたのである。

そして、この考えも宋代以降より尖鋭化する。北宋の時代には胡安国が『春秋伝』を編纂した。胡安国は朱熹に影響を与えた人物であり、彼の著した『春秋伝』は朱熹の『資治通鑑綱目』、およびその後の『春秋』解釈に大きな影響を与えたとされている。その荘公一三年の「冬、公会斉侯盟于柯」

の条には、斉の桓公の業績が、次のように示される。

桓公始めて諸侯を合し、中国を安んじ、夷狄を攘い天王を尊ぶ（桓公始合諸侯、安中国、攘夷狄尊天王）。

ここでは、桓公は尊王の意志を持ち、諸侯を合して、夷狄を攘い、中国を安定させたとしている。しかし、桓公が尊王の意志を持ち合わせていたことなど確かめようがない。むしろ、先ほど掲げた『公羊伝』僖公八年の何休注には、桓公は王（王人）の権威を利用したとされている。にもかかわらず、胡安国は、桓公は尊王の意志を持ち攘夷を実現したとみるのである。この影響によって、尊王の意志を持ち、強力な夷狄（外国）の脅威から中華を守ること、すなわち尊王と攘夷が覇者の条件とみなされるようになったのである。

『論語』憲問篇の「子曰く、晋の文公は譎りて正しからず、斉の桓公は正しくして譎らず」の、朱熹の集注にも「二公は皆な諸侯の盟主、夷狄を攘い以て周室を尊ぶ者なり（二公皆諸侯盟主、攘夷狄以尊周室者也）」とある。このような胡安国伝の『春秋伝』を起点とした考え方が、おそらく水戸学に強い影響を与えて「尊王攘夷」という言葉が熟成されてきたと考えられる。

水戸学における将軍像

さて、江戸時代における天皇も諸大名に君臨する力はない。圧倒的な力で諸大名に臨んでいたのは徳川将軍である。状況としては、『春秋』と同じといえる。では、水戸学において、将軍はどのように位置づけられていたのか。藤田幽谷の「正名論」にもどってみよう。「正名論」では、「今夫れ幕府は天下国家を治むるものなり。上 天子を戴き、下 諸侯を撫するは、覇主の業なり」(今夫幕府治天下国家者也。上戴天子、下撫諸侯、覇主之業也)と、幕府ここでは将軍を指すが将軍を覇主、すなわち覇者になぞらえている。その覇主の任務のひとつが尊王である。「正名論」では「幕府 皇室を尊べば、則ち諸侯 幕府を崇び、諸侯 幕府を崇べば、則ち卿・大夫 諸侯を敬す。夫れ然る後に上下相保ち、万邦協和す」(幕府尊皇室、則諸侯崇幕府、諸侯崇幕府、則卿大夫敬諸侯。夫然後上下相保、万邦協和)と、将軍が天皇を尊ぶことで、諸侯が将軍を尊ぶようになり、諸侯が将軍を尊ぶことによって、大名の家臣たちが自分の君主を尊ぶようになるとしている。すなわち覇者である将軍が天皇を尊ぶことで、その下の秩序が維持されるとするのである。

「正名論」では、攘夷について直接的な言及はない。しかし、当然、覇者の任務として、攘夷が意識されていたはずである。それが息子の東湖が草稿を執筆した「弘道館記」に見えているといえる。「弘道館記」では、「我が東照宮、撥乱反正、尊王攘夷」と謳われている。「我が東照宮」とは、徳川家康である。徳川家康は、乱れた世の中を治めて、正しい秩序を取り戻し、天皇を尊び、夷狄（外国）を追い払った、つまり、徳川家康を、天皇に代わって日本を治めた覇者に位置づけている。つまり、水戸学において、覇者は認められ、その覇者が徳川将軍とされたのである。

水戸藩としては当然、将軍が尊王攘夷を実行できるよう輔佐する立場にあったのであり、倒幕の意志はない。「弘道館記」の言葉は徳川家康を讃える言葉であり、徳川家康が、撥乱反正と尊王攘夷を実現した覇者、英雄であるとし、それを受け継いだ徳川将軍の任務が、尊王攘夷であるとみなしているのである。

しかし、その言葉は後に変容されて受け取られることになる。そのきっかけを作ったのが、「弘道館記」の東湖の解説書である『弘道館記述義』である。そこでは「尊王攘夷」を、「尊王攘夷は、実に志士仁人の尽忠報国の大義なり」（尊王攘夷者、実志士仁人尽忠報国之大義也）と解説している。『論語』憲問篇に由来する「志士仁人」は、『弘道館記述義』の文脈では成しがたい業績である尊王攘夷を実現した徳川家康を形容する言葉として使われている。以下には次のような言葉が続いている。

後水尾帝の位に即きたまうや〈割注略〉、東照宮、諸侯に命じて上皇の宮を営み、多く供御の地を置く。既にして又た大いに皇居を修め、規制を増広し、又た嘗て伶官を招聚して以て雅楽を復す。……戦国搶攘の間、外夷覬覦し、我が政教の廃弛に乗じ、乃ち敢えてその妖教を布けり。豊臣氏嘗てこれを禁ず。東照宮に至りて、更に大いに憲令を設け、天下を捜索し

て、悉く其の寺を毀ち、其の徒を戮す。後嗣 続述して懈らず〈後水尾帝之即位也〈割注略〉、東照宮、命諸侯営上皇宮、多置供御之地。既而又大修皇居、増広規制、又嘗招聚伶官以復雅楽。……戦国搶攘之間、外夷覬覦、乗我政教廃弛、乃敢布其妖教。豊臣氏嘗禁之。至於東照宮、更大設憲令、捜索天下、悉毀其寺、戮其徒。後嗣続述不懈〉。

東湖も『弘道館記述義』の執筆時においては、「尊王攘夷」は家康の業績として意識していた。しかし、「尊王攘夷は実に志士仁人の尽忠報国の大義なり」だけが取り出されたとき、そのことは見えなくなる。そのため、この文章はやがて自らが志士仁人の気概を持って尊王攘夷を実現しなくてはならないと読み替えられ、危機的状況にあって主体的に行動を起こそうとする人々の指針となっていくのである。そのような人を「志士」と呼ぶのは、ひとつはこの言葉に由来する。また、ここにも行動を重視するという点において、水戸学が陽明学と重なってみられる要因がある。

おわりに

以上のように、水戸学における「尊王攘夷」は、当初は覇者とみなされた徳川将軍の任務として意識されていた。しかし、その後の歴史の展開において、水戸藩が想定した覇者としての将軍像が徐々に崩壊していく。一八五三（嘉永六）年、ペリーが四隻の軍艦を率いて浦賀に来寇し、翌年日米和親条約を結んだことは、将軍が攘夷を実現できなかったこととみなされかねない。

さらに、アメリカが通商条約の批准を求めた際、幕府は反対勢力を抑え込むため、わざわざ朝廷に勅許を求めたが、幕府の予想に反し、勅許は得られず、結果として勅許を得ずに、日米修好通商条約を結ぶことになってしまったのである。それは、幕府が尊王を実現できなかったと捉えられることになる。覇者としての将軍の条件が尊王攘夷であるとされたとき、攘夷も尊王も実現できないとすれば、覇者として将軍を認めることはできなくなってしまうのである。

その後、水戸藩尊王攘夷派の過激な一派が脱藩をし、大老井伊直弼を白昼堂々暗殺する、いわゆる桜田門外の変を起こす。それがひとつの引き金となり、討幕運動が激しさを増していくことになる。その際に標語として掲げられた「尊王攘夷」には、すでに「我が東照宮」という主語はない。それは徳川将軍に代わるあらたな覇者を求めるものへと変容したのである。

この混乱の幕を閉じたのは、水戸藩出身の最後の将軍徳川慶喜であった。慶喜が政権を朝廷に返上する、ここも返す、譲るという行為があり、『公羊伝』が想起されるのであるが、この慶喜の大政奉還によって、幕府は滅びる。

そして、それにかわった明治政府が、天皇を頂点とした政治体制を整え、『大日本史』の中で理想とされた天皇を頂点とする社会を実現し、さらに近代的な軍を整備することによって日本は独立を保つことができた。このことは、「撥乱反正、尊王攘夷」の主語が徳川家康から明治政府に代わったと言うことができよう。

このように水戸学は日本を明治へと導く原動力ともなった学問であり、その行動主義の源は、歴史の中に理想の秩序を想定し、その秩序を実現しようという『春秋』の思想があった。その点は陽明学とは異なっているといえる。

また、幕末期の陽明学は、明という時代を背景として興った当初の陽明学とは異なり、江戸という時代を背景にして日本的に変容した学問であり、さらに言うと近代における陽明学は、漢学のみならず、西洋学を学問の基礎に置いた者たちによって理解され展開したものである。

それは水戸学も同様であった。江戸時代最末期、水戸藩は内部抗争によって多くの人を失ってしまい、明治政府に人材を出仕させることはほぼできなかった。それにも関わらず水戸学は明治を築いた学問としてもてはやされ、皇国史観にも大きな影響を与えたとされている。しかし、明治の水戸学はすでに水戸人の手を離れており、その基礎に『大日本史』の編纂があり、春秋学が血肉化された者たちによって扱われていたのではない。やはり、近代の学問体系の中で様々な思想の影響を受けて独自に理解された水戸学なのである。

近代日本の学術はそれまでの伝統的な学問を根に持ちつつ、西洋学が接ぎ木されたものであり、その両者を深く理解しなくては解き明かすことはできない。相当困難な作業を伴うが、今後は近代の水戸学や陽明学について検討していくことにしたい。

参考文献

井上哲次郎『日本陽明學派之哲學』冨山房、一九〇〇年。

今井宇三郎・瀬谷義彦・尾藤正英『水戸学』〈日本思想大系五三〉岩波書店、一九七三年。

岩本憲司『春秋公羊傳何休解詁』汲古書院、一九三九年。

小島毅『近代日本の陽明学』〈講談社選書メチエ〉講談社、二〇〇六年。

鈴木暎一『徳川光圀』〈人物叢書　新装版〉吉川弘文館、二〇〇六年。

高須芳次郎『水戸學派の尊皇および經綸』雄山閣、一九三六年。

日原利國『春秋公羊傳の研究』創文社、一九七六年。

松﨑哲之「『春秋』の思想と水戸の学問」〈増尾伸一郎・松﨑哲之編『交響する東方の知　漢字文化圏の輪郭』〈知のユーラシア五〉東方書店、二〇一四年）

松﨑哲之『水戸学事始』ミネルヴァ書房、二〇二三年。

水戸市史編纂委員会編『水戸市史　中巻（一）』水戸市役所、一九六八年。

水沢利忠『史記　八（列伝一）』〈新釈漢文大系　第八八巻〉明治書院、一九九〇年。

吉田賢抗『史記　五（世家上）』〈新釈漢文大系　第八五巻〉明治書院、一九七七年。

報告

安岡正篤の陽明学理解について

永冨青地

一、初めに

［図一A］青年期の安岡正篤

安岡正篤（やすおか まさひろ。明治三一年［一八九八］二月一三日～昭和五八年［一九八三］一二月一三日）は、一般に陽明学の泰斗として知られている（図一A、B）。しかしながら、書店の日本思想・中国思想の棚には彼の本は一冊も置かれてはいない。現在、彼の記した多数の著作は、ビジネス書の棚に置かれているのである（図二）。それではなぜ、彼の著作はこのような扱いを受けている

［図一B］晩年の安岡正篤
［安岡正篤記念館ホームページより、
https://kyogaku.or.jp/yasuoka/about.html］

［図二］「古典に学ぶビジネス」コーナー、ジュンク堂書店 池袋本店［筆者撮影］

のだろうか。それを知るためにはまず、安岡正篤以前の、明治以降における日本の陽明学研究の歩みについて語らなければならないのである。(1)

二、安岡登場までの、明治以降における日本の陽明学研究について
——井上哲次郎を中心に——

日本においては、幕末の志士のうち、陽明学に好意的なものが多くいたこともあり、明治以降も陽明学に対する好意的な雰囲気が存在していた。しかしながら、東京帝国大学や京都帝国大学をはじめとする帝国大学（国立大学）においては、当時の中国学研究の主流が清朝から輸入された考証学であったため、明学の「空疎」を代表するとみなされた陽明学はほとんど取り上げられることはなかった。

従って陽明学の研究は主として在野の研究者によっ

て担われていた。例えば、明治から大正期にかけて陽明学研究の中心となった雑誌、『陽明学』は吉本襄および東正堂の主幹によって刊行されているが、いずれも純然たる在野の研究者の手になるものであった。

このような事情のため、明治維新以降、安岡の出現以前の陽明学研究において、現在も参照するに足るものとしては、わずかに一点、井上哲次郎の『日本陽明学派之研究』（明治三三年［一九〇〇］初版、富山房刊。大正一三年［一九二四］改訂増補版、同社刊）が挙げられるのみなのである。

［図三］井上哲次郎
［国立国会図書館ウェブサイトより］

井上哲次郎（いのうえ てつじろう。安政二年［一八五六］～昭和一九年［一九四四］）は近代日本の哲学研究者、陽明学研究者である（図三）。

井上は、明治八年（一八七五）、東京開成学校に入学、明治一〇年（一八七七）、東京帝国大学に進み、哲学を学んでいる。明治一四年（一八八一）、『哲学字彙』を刊行。同書はFlemingの哲学用語集を底本とし、人文・社会・自然科学の広範囲にわたって用語を補ったものであり、近代東アジアにおける学術用語の翻訳史において大きな意義を有するものである。

彼は明治二三年（一八九〇）、東京帝国大学文科大学教授、次いで明治三〇年（一八九七）、文科大学長に任ぜられている。

井上は明治三三年（一九〇〇）より、いわゆる「日本儒学三部作」の刊行を開始し、『日本陽明学派之哲学』（明治三三年［一九〇〇］初版、富山房刊。大正一三年［一九二四］改訂増補版、同社刊）、『日本古学派之哲学』（明治三五年［一九〇二］初版、富山房刊。大正四年［一九一五］重訂版。同社刊）、『日本朱子学派之哲学』（明治三八年［一九〇五］初版、富山房刊。大正四年［一九一五］重訂版、同社刊）として結実した。これらの三部作は、江戸期の儒学の通史として他に例を見ない存在であり、丸山真男が「彼（井上）がヨーロッパ留学によって学んだ西欧哲学の諸カテゴリーを駆使して徳川儒学を研究した三部作は、近代日本における徳川儒学史研究の画期的なマイルストーンである」（「英語版への著者の序文」、『日本政治思想史研究 新装版』第三八三ページ、東京大学出版会、一九八三）と述べているように、現在なお参照するに足るものなのである。

このような状況の中、大正一一年（一九二二）三月に玄黄社より刊行された『王陽明研究』によって、わずか二五歳の青年であった安岡正篤は、新進気鋭の陽明学者として広く世間から認められることとなった。

しかしながら従来、彼の陽明学研究の、同時代の思想界における位置について語られることはあまりなかった。また、安岡自身が、自身と陽明学との関わりを述べた「陽明研究で結ばれた縁尋の機妙」（昭和四六年［一九七一］、安岡七四歳の時の講演。安岡正篤『王陽明 その人と思想』［致知出版社、二〇一六］に所収）において触れている同時代の陽明学信奉者は、師の岡村閑翁、弟子としての八代六郎、そして批判対象としての三島由紀夫の三者のみである。以下、この三者との関わりを中心に、安岡の陽明学理解について述べていくこととしたい。

三、安岡の陽明学の師、岡村閑翁について

安岡自身の述懐（「陽明研究で結ばれた縁尋の機妙」）によれば、彼と陽明学との出会いは以下のようなものであった。

> 私が「陽明学」という言葉を、生まれて初めて知りましたのは、まだ小学校の幼少のころでありまます。当時、生駒山の麓にある瀧寺に隠棲されていた岡村閑翁先生……がおいでになりまして、私の実兄・堀田真快（原注 高野山金剛峯寺の管長）も教えを受けておりました。この岡村先生が陽明学というものの大家であられるということを知り、世の中に陽明学というものがあるのか、陽明学とはいったい何だろうかと、子供心に感じました。
>
> （安岡正篤『王陽明 その人と思想』、致知出版社、二〇一六、第八ページ）

ここで語られている岡村閑翁（おかむら かんおう。名は正尹、達。閑翁は号。文政一〇年［一八二七］～大正八年［一九一九］。図四）とは、大和郡山藩の儒者藤川冬斎の次男である。

彼は文政一〇年九月五日に生まれ、大正八年一二月一四日に歿しているため、安岡より七一歳の年長者ということになる。以下、中川義寿著『岡村閑翁畧傳』（滝寺文庫）によって、その略歴を述べていきたい。

閑翁の父藤川冬斎は壮年において頼山陽のもとに遊学、朱子学を研鑽し、武術、特に槍術に長じていた。大和郡山藩の目付に抜擢、寺社奉行となり、また学館総督となり、郡山藩校で藩士の教育に従事していた。

［図四］岡村閑翁
［中川義寿著『岡村閑翁畧傳』口絵、滝寺文庫］

閑翁は二二歳の時より大和の儒者、五条の森田節斎に従学しており、一〇数年間、郡山藩学の教授として教鞭をとっている。安政六年（一八五九）二月、勤王の国学者伴林光平（後、天誅組の首謀者として命を絶っている）と時事を論じ、同年五月三日には、郡山を訪れた吉田松陰とも時事を論じている。

文久二年（一八六二）二月二八日、侯命により柳生藩に筮仕し、馬廻席、文学助教などを務め、教学に従事する一方、大坂の警備などの軍事や藩政にも参与している。廃藩置県後は、小学校、寧学書院、私塾などで教育に当たり、明治一三年（一八八〇）一月一九日、瀧寺に転居。宝山寺小学校の教員となった。

閑翁の学問については、安岡は上記の回想において、「陽明学というものの大家であられる」としており、『岡村閑翁畧傳』においても、「閑翁は陽明学の泰斗である」（「三、瀧寺時代の閑翁」「（四）閑翁の教育観」、『岡村閑翁畧傳』、二六ページ）とされている。

しかしながら、筆者はこのような考えには若干の疑念を抱かざるを得ない。それは以下のような理由からである。『岡村閑翁畧傳』には、「六、愛読の書等」（『岡村閑翁畧傳』、第五二～五四ページ）において、閑翁の日記に登場する順番に彼が読んだ書物の書名が記録されている。それらは全二五二点、『大和俗訓』より始まり、『新約物語』に至る。そこには『金瓶梅』のような俗書も挙げられており、また、キリスト教（『新約物語』）や反キリスト教（『闢邪集』、『辨妄』）、西洋の学問に関する書籍（『科学入門』、『万国公法』）をも含んでいる。このような幅広い読書から浮かび上がってくるのは、彼の学問の陽明学的と言わんよりはむしろ折衷学派的な傾向なのである。

ここで挙げられている書目のうち、多少とも陽明学に関するものとしては、『旧本大学膾議』（吉村秋陽編、安政五年［一八五八］刊）、『王陽明出身靖乱録』（正しくは『皇明大儒王陽明先生出身靖乱録』。墨憨斎［馮夢龍］編、慶応元年［一八六五］刊）、『陽明文粋』（村瀬石庵［誨輔］編、文政一一年［一八二八］刊）の三点のみにすぎない。また、陽明学者としての活動も、同書「七、閑翁の旅行」の大正七年四月の項において、「弟子安見宅にて陸王の学講話」（同書、六二ページ）と一項目が挙げられているのみなのである。

以上みてきたように、岡村閑翁の学問は、必ずしも陽明学一本槍ではないが、安岡の陽明学理解に与えた影響は大きなものがある。例えば、安岡はその著『王陽明研究』において、参考書として、『王陽明出身靖乱録』および『陽明文粋』の名を挙げているが、(2)これら二点は上述の閑翁の読書書目に含まれているものなのである。

以上のような陽明学理解の素地の下で、大正一一年（一九二二）三月、安岡は玄黄社より『王陽明研究』を刊行したのであるが、その内容は、漢学的教養を踏まえつつも、それをロマンティズム溢れる美文で綴ることに特色がある。例えば、自然と良知の関係について語る彼の以下のような文はその好例であろう。

人を愛すること厚かつた彼はまた深く自然を愛した。そして自然に溢れる健やかな生命を直にまた人間に発見せんとした。それ故彼は道徳的原則たる至上命令、彼の所謂良知の声にしたがふ葛藤的生活にはまだ満足しないで、更に良知を致す或は合一する至善の世界、「真」と「美」との生活を望んだ。

（同書第八〇〜八一ページ）

また、その内容面を見るならば、安岡は『王陽明研究』の「陽明の生涯とその人格」章の冒頭において、少年時代の陽明が自分を虐待する継母を梟によっておどかしたというエピソードを記しているが、この挿話は『王陽明出身靖乱録』のみに見られるものである。

このことは当時、中国本土の研究者も注目しておらず、安岡の後、このエピソードに再び注目したのは、なんと安岡氏の著の四五年も経ってから刊行された島田虔次『朱子学と陽明学』（岩波新書、岩波書店、一九六七）である。

このような、一見したところ彼の研究の「新しさ」と思われるものは、安岡が岡村閑翁から『王陽明出身靖乱録』を学んでいたことによる可能性が極めて高い。従って、『王陽明研究』の「新しさ」は一面、江戸期の教養を直接受け継いだ、彼の陽明学理解の「古さ」のため、とも言いうるのではないだろうか。

四、『王陽明研究』の出版による新たな人脈——八代六郎との出会い——

［図五］八代六郎
［城山会編『八代海軍大将書翰集』口絵、尾張徳川黎明会、一九四一］

『王陽明研究』の出版は、彼に新たな人脈をもたらすこととなった。それは八代六郎海軍大将との出会いである。

八代六郎（やしろ ろくろう。安政七年［一八六〇］～昭和五年［一九三〇］）は海軍軍人、日露戦争において、軍艦浅間艦長として活躍し、大正三年［一九一四］から翌年にかけて海軍大臣を務めた人物である。最終階級は大将。その伝記としては、小笠原長生『侠将八代六郎』（政教社出版部、一九三一）などがある（図五）。

安岡自身の述懐（「陽明研究で結ばれた縁尋の機妙」）においては、彼と八代との出会いについて、以下のように述べられている。

この『王陽明研究』が縁で、私は当時の日本の海軍および心ある人々の畏敬を一身に集めておられました八代六郎将軍と相知ることができました。そのころ城山八代六郎将軍も海軍大臣を辞められて、たしか枢密顧問官をしておいでになったかと思うのですが、一夜招かれて食事を共にいたしました。……先生はもとより酒豪の中の酒豪として知られておりましたが、酒が進むうちに気持ちよさそうに滔々として陽明学の話をされます。……若い私は緊張して聞いていたのですが、どうも私と考えるところが違うところが出てきたものですから、若気の至りでちょっと釘を刺してしまったのであります。

「将軍、先程から承っておりましたが、ちょっと異存があります」

「どこが異存だ」

ということから、大変な議論になりました。……

「よし、一週間後を期して再び会おう」

ということになりまして別れました。その一週間後に八代先生が私の家に羽織袴の姿で訪ね

て来られて、

「ワシが間違っていた、これからは君の弟子になる」

といわれました。爾来、八代将軍と日本海軍と私の一生の縁が結ばれたのであります。

（安岡正篤『王陽明 その人と思想』、第一一～一三ページ）

この安岡の文からは、「英雄は英雄を知る」というような、いかにも東洋的な、一幅の絵のようなイメージが想起されるであろう。しかしながら、ここにおいて語られていない重要な事実がある。実はこの邂逅は偶然のものではなく、仲介者がいたのである。

この点について、安岡の最も詳細な伝記である『安岡正篤先生年譜』には、以下のように記されている。

大川周明は大正七年来の知己、八代に「若き陽明学者安岡」を紹介。招かれて八代の自宅を訪れた節、談「陽明学論議」に及び八代をして師事せしめたことは周知の物語である。

（安岡正篤先生年譜編纂委員会編『安岡正篤先生年譜』、邑心文庫、一九九七、第二六ページ）

ここで語られている大川周明（おおかわ しゅうめい。明治一九年［一八八六］～昭和三二年［一九五七］）は著名なアジア主義者であり、日本における先駆的なイスラム研究者でもある[3]（図六）。

［図六］大川周明
［国立国会図書館ウェブサイトより］

『王陽明研究』刊行の二年後、大正一三年（一九二四）三月に同じく玄黄社より刊行された安岡の『日本精神の研究』に、八代と大川がそろって跋文を記していることからしても、八代と安岡の邂逅は、事前に大川によって、周到に準備がなされていたものと考えられるのである。(4)

それでは大川は、安岡の著述のどのような点を評価して、海軍大臣まで務めた要人である八代六郎に安岡を紹介したのであろうか。

この点に関して大川は以下のように述べている。

井上博士の諸著（永冨注『日本陽明学派之哲学』・『日本古学派之哲学』・『日本朱子学派之哲学』）を初めとし、日本の思想を叙述せるものに、予の哲学的思索の糧たりえるように書かれたる一冊の書籍をも見出し得なかった。……さて予が遅れ馳せながら日本精神の千山万水を跋渉し初めてから、予はゆくりなくも年若き一同行に遭逢した。彼は……若き身空を以て、既に昭々たる理想を仰ぎつゝ、堅確なる歩武を以て、見る目爽かに日本精神の高根を登り行く。……其筆は清明透徹にして而も濃かなる情緒を湛え、如実に心界の風光を彷彿せしめて余蘊ない。……此の貴き同行は誰ぞ。言ふ迄もなく安岡正篤君である。予は其の著書の後に此の一文を附することを至心に光栄とする。

（「跋二」、安岡正篤『日本精神の研究』、玄黄社、大正一三年［一九二四］）

つまり大川は、井上哲次郎を代表とするアカデミックな著作における学術的な叙述に飽き足らず、安岡の著の、ロマンチックな描写をこそ高く評価していたのである。

そしてこれ以降、多くの著作によってわかりやすく東洋思想を説く安岡には、政府の要人から厚い信頼が寄せられるようになった。昭和二〇年（一九四五）の終戦の詔勅起草の際、安岡が内閣からの依頼によって、極秘裏にその推敲を行ったことからも、彼に対する政府の要人からの信頼がいかに厚かったかがわかる。その際、安岡は、文中に張載の「為万世開太平」（万世の為に太平を開く）という文言を挿入することを強く主張し、それを実現させているのである。(5)

安岡は昭和五八年（一九八三）に亡くなるまで政府の要人とのこのような密接な関係を保っていた。そしてこのように政府の要人から厚い信頼が寄せられているという事実によって、その存在は非常な注目を浴びるようになり、一般には、東洋哲学、特に陽明学の権威と目されるようになった。

しかしながら、その反面、時代の変化にかかわらず、常に政府の要人と密接な関係を保ち続ける安岡に対して、一部では批判も浴びせられるようになった。更に、アカデミズムの世界における陽明学研究者からは、陽明学を曲解して宣伝するものだとして、白眼視の対象となっていった。初めに述べたように、彼の記した多数の著作が、日本思想史・中国思想史の棚ではなく、ビジネス書の棚に並べられているという現象も、このような一般の読書界における人気と、アカデミズムの世界における評価とが全く乖離している状況を反映したものなのである。

［図七］蹶起当日の三島由紀夫
［The Nationaal Archief, the Dutch National Archives］

五、安岡が唯一批判対象とした同時代における陽明学信奉者、三島由紀夫について

一方、安岡が唯一強く批判した、同時代における陽明学信奉者としては、三島由紀夫を挙げることができる[6]（図七）。

安岡は三島に対して、以下のように厳しい批判を加えている（「陽明研究で結ばれた縁尋の機妙」）。

> 昨今、新たに陽明学というものが、至る所で話題に上るようになり、あるいは一つの流行にすらなりかねない情勢にあります。そのきっかけの大きな一つは、おそらく三島由紀夫氏の

自決でありましょう。

「三島氏の自決には陽明学が大いに影響を与えている」

と、堂堂たる天下の大新聞の論説が取り上げて、

「動機の純真を重んじて結果の如何を問わない陽明学の影響の一つである」

といったことが書いてありました。しかし、私から言いますと、これなどはもっとも間違った、最も浅薄、かつ危険な文章であります。動機の純真を尊んで、結果の如何を問わないなんていう、そんな学問や真理などはどこにもありません。そんなものは学問でもなく真理でもありません。

（安岡正篤『王陽明 その人と思想』、第一六ページ）

［図八］大塩平八郎［大塩中斎］［大阪城天守閣蔵］

この文から、三島の蹶起と陽明学とを切り離そうとする安岡の意図は明らかである。しかしながら、三島と同様に蹶起した大塩平八郎（大塩中斎。図八）の行動を、安岡は擁護しているのである。

安岡は大塩平八郎（大塩中斎）に関しては、以下のように述べている（「陽明学の流行と誤解」）。

大塩中斎はたしかに陽明学の真剣な求道者でありました。それ故に陽明学は危険な学問で、動機としては純真かもしれないが、結果は赤軍派とか革マル派と同じことだと知ったようなことを言う輩がいるけれど、中斎はそんな単純な人ではありません。……大阪民政に最も責任をもって、実に立派な業績を挙げた人である。富貴・功名・名利などまるで念頭にない。ただ「知行合一」の陽明学をもって、沈滞した当時の儒教界に大きな衝撃を与えたかもしれませんが、世俗に解されているような詭激なものではなく、厳正練達の能吏にして敬虔な求道者でありました。……しかるに陽明学は危険な学問で「動機の純粋を旨として結果など考えない」などと言い、三島由紀夫を結びつけるなどというのは、まったく浅見誤解なんであります。

（安岡正篤『王陽明 その人と思想』、第二〇～二一ページ）

以上の安岡の論述からは、三島と陽明学、そして三島と大塩平八郎とを切り離そうという、安岡の三島に対する強い反感が感じられる。このような、安岡の三島に対する強い反感は、三島の行動に対する批判であるのみならず、三島の陽明学理解に対する反発でもあると思われる。

三島の陽明学理解は、その論文である「革命哲学としての陽明学」によって知ることができる。(7)

中江藤樹以来の陽明学は明治維新的思想行動のはるか先駆といはれる大塩平八郎の乱の背景

をなし、大塩の著書『洗心洞劄記』は明治維新後の最後のナショナルな反乱ともいふべき西南戦争の首領西郷隆盛が、死に至るまで愛読した本であつた。また、吉田松陰の行動哲学の裏にも陽明学の思想は脈々と波打つており、……異端のなまなましい血のざわめきの中へおりていき、まさに維新の志士の心情そのものの思想的形成にあづかるのである。……陽明学はもともと支那に発した哲学であるが、以上にも述べたやうに日本の行動家の魂の中でいつたん完全に濾過され日本化されて風土化を完成した哲学である。もし革命思想がよみがへるとすれば、このやうな日本人のメンタリティの奥底に重りをおろした思想から出発するより他はない。……陽明学がその中にもつてゐる論理性と思想的骨格は、これから先の革命思想の一つの新しい芽生えを用意するかもしれない。

（『決定版三島由紀夫全集』第三六巻、新潮社、二〇〇三、第二八〇～三〇九ページ）

ここにおいて三島は、陽明学は中江藤樹―大塩平八郎―吉田松陰―西郷隆盛と継承される中で完全に日本化しており、それが将来の革命思想の底流となるかもしれないとしているのである。

一方、安岡は日本における「革命」に対して以下のような見解を記している。

日本に於ては革命は必ず天皇より出でなければならぬ。生活の荒淫の為にほとんど救はれなくなる時、猛然として新なる生命を躍新せしめるものは外ならぬ自己内奥の創造的自由我（ママ）の作用なる如く、国家が政府の頽廃に依つて危殆に瀕する時、革命を遂行して新なる局面を新開するは天徳である、天皇の御威徳である。日本に於て、革命は政府が天意に叛いた廉を以て天譴を蒙ることである。
（「天皇と国家」、安岡正篤『日本精神の研究』、玄黄社、大正一三年［一九二四］、第三七七ページ）

安岡にとって、日本における革命とは、天皇が下す「天譴」であり、三島が（恐らくは）考えていたような、下からの革命は、到底許されるものではなかったのである。(8)

以上、安岡正篤の陽明学理解を、師の岡村閑翁、弟子としての八代六郎、そして批判対象としての三島由紀夫の三者との関係を中心に述べてきた。安岡の陽明学理解の、同時代の思想界における意義に関しては、従来必ずしも十分には語られてこなかったものと考えられる。本稿はそのような状況を打破するための一つの試みである。専家のご批判を賜ることができるならば幸いである。

【「筆者前稿」の発表後、諸先生より多くのご意見を賜っている。特に牛尾弘孝、三浦國雄両先生よりのご指摘によって、本稿においては一部の内容を修正および追加することができた。特記して感謝の意を表する次第である】

【本稿は科学研究費補助金（基盤研究（C）課題番号二一K〇〇〇五六）による成果の一部である】

注

1 筆者の安岡正篤に関する論文としては本稿以前に、『語られざる陽明学者――安岡正篤について――』（『環日本海研究年報』第二七号、二〇二二。以下、「筆者前稿」と略）がある。以下、本稿において、論述の都合上、一部「筆者前稿」と重複する部分があることをお断りしておきたい。

2 『王陽明研究』の「参考書」においては、『陽明文粋』を「明宋儀望編」として挙げ、「簡要を得ている」としているが、宋儀望編の『陽明先生文粋』は一一巻もあり、また日本に六点しか現存していないため、閲覧自体が難しく、「簡要を得ている」として参考書に挙げることは考えにくい。一方、村瀬石庵（誨輔）の『陽明文粋』は全四巻であり、和刻本として広く普及していたため、こちらを指すものと思われる。）

3 大川の伝記としては、大塚健洋『大川周明 ある復古革新主義者の思想』（中公新書、中央公論社、一九九五）や松本健一『大川周明――百年の日本とアジア』（作品社、一九八六）などがある。

4 なお、大川は八代の没後、その伝記である「八代六郎大将の生涯」（『月間日本』第七六号、行地社、一九三一）を記しており、このことからも両者の関係の親密さを窺うことができる。

5 終戦の詔勅と安岡との関係については塩田潮『昭和の教祖 安岡正篤』（文藝春秋、一九九一）第二章「終戦の詔勅」に詳しい。

6 三島由紀夫は本名平岡公威（ひらおか きみたけ）。大正一四年（一九二五）～昭和四五年（一九七〇）。小説家。昭和四五年一一月二五日、自衛隊市ヶ谷駐屯地にて東部方面総監を監禁、自衛隊員に対し蹶起を促す演説をしたのち、割腹自殺している。

7 はじめ「革命の哲学としての陽明学」として、雑誌『諸君！』（文藝春秋）一九七〇年九月号に掲載。単行本『行動学入門』（文藝春秋、一九七〇年一〇月）に収録に当たり現在の表題に変更。同年一一月の三島の蹶起直前に記されたことで注目される。

8 なお、安岡と同様に国家主義者とされる平泉澄（ひらいずみ きよし。明治二八年［一八九五］～昭和六〇年［一九八四］。東京帝国大学国史学科教授。戦前、戦中期において、国家主義的イデオローグとして活動した）は、その著『革命論』（もとは『思想問題小輯』六、文部省、一九三四、第四〇ページ。現在、『先哲を仰ぐ【四訂版】』、錦正社、二〇二一、第二六〇ページ）において、「革命はわが国には未だ曾てありし事なく、又将来永遠にあるべからざるものであり、先哲の努力はわが国に革命あらせじとしての努力であつたのであり、我等またいかなる犠牲を拂つても断じて革命あらしめてはならないのである」と、日本においては革命が過去から未来に至るまで存在しないことを力説しており、国家主義者とされる人々の間においても、その革命観は必ずしも統一されてはいなかったことを窺うことができる。なお、安岡の国家主義者としての側面に関しては、以下の著作を参照のこと。片山杜秀『近代日本の右翼思想』（講談社選書メチエ、講談社、二〇〇七）。

報告

二松学舎をめぐる陽明学
——創設から現在まで

鈴置拓也

はじめに

二松学舎大学は明治一〇年（一八七七）に三島中洲（一八三一～一九一九）が創設した漢学塾二松学舎に端を発している。歴代の学長としては、中洲の三男である三島復（一八九七～一九二四）、中洲に学んだ児島献吉郎（一八六六～一九三一）・山田準（一八六七～一九五二）・那智佐典（一八七三～一九六九）などが勤め、この間、専門学校・大学へと昇格して今日まで継続してきた。

この歴史の中で陽明学者とされる人物には三島中洲をはじめ、先ほども挙げた、三島復・山田準・那智佐典など代表的な人物が何名かおり、個々の人物については少なからぬ研究が備わっている。

しかし、彼らの陽明学理解の継承が二松学舎内部において如何になされてきたのか、また創設から現在までの二松学舎内外における陽明学の位置付けなど、総合的な研究は未だ着手されていない。

そこで本稿では、右の問題を考える前提として、先ほど挙げた代表的な人物らの経歴と陽明学に関わる活動や著作を取り上げる。その他組織的な活動として、明治三六年（一九〇三）に創設された王学会の概要と、後にそれが二松学舎で開催されるようになった経緯とを明らかにし、また昭和五三年（一九七八）に設置され、現在まで続く陽明学研究所の活動を紹介することによって、二松学舎と陽明学との歴史について概観する。

一　三島中洲と二松学舎における陽明学講義

まず初めに、本学の創立者である三島中洲についてであるが、彼の学問上の変遷については「余の学歴」[1]が参考になる。彼ははじめて山田方谷（一八〇五〜一八七七）に学んだ時を第一の変遷として、そこで朱注によって四書五経などを読み「純粋なる朱子学家とな」ったという。第二の変遷は津藩に遊学して斎藤拙堂（一七九七〜一八六五）に学んだ時期であり、ここで様々な書を読み朱子学に疑いを挟むようになり「折衷学に入」った。そして中洲は、安政四年（一八五七）備中松山藩出仕後、方谷の「実用の学」が陽明学に基づいていると気づき、彼より「実学」の教えを受けた、と述べ、これを第三の変遷とする。

その後、明治一〇年一〇月二松学舎を開いて漢学を教授するにあたっては、「道学に復し、陽明学を主張し、かたわら訓詁を折衷して」というように、陽明学を主張しつつ訓詁にも力を入れて学生を教育してきたという。

二松学舎創設時に中洲が草した「漢学大意」冒頭には、「漢学ノ目的タル、己ヲ修メ人ヲ治メ、一世有用ノ人物トナルニ在テ[2]」とあって、「有用」の人物となることが目指されたことが分かる。では具体的な授業は如何なるものであったのか。中洲の二松学舎における授業について、町泉寿郎「二松学舎の漢学教育[3]」によれば、中洲の教育目的は「漢文の講読や作詩文という「読み書き」を通して、論理性や分析力を身に着けさせようとする極めて実用本位のものであ」り、漢文を教授するにあたって、「大段落・小段落など段落ごとの趣旨と文章の構成を分析的に解説し」ていた。このことは、当時の二松学舎が中等教育を補完する役割を担っていたこと、あるいは高等教育機関の入試に漢文があり、その対策のために漢文を教授していたことによる。

そのような性質を持っていたため、二松学舎に学んだ学生達の回想を見ても、特に明治前半は中洲から陽明学そのものの講義を聞くことは少なかったようである。

例えば、明治一四年（一八八一）から翌一五年（一八八二）にかけて在塾していた、後の陸軍中将松井庫之助（一八六七～一九四三）は「中洲先生は陽明学派の大家なることは承知し居りたるも、特に伝習録等の講義は之を聴きしことなし[4]」と述べ、また明治一六年から翌一七年（一八八四）に在塾していた山田準は「元来余は二松学舎で中洲先生の伝習録講義を数回聴講するや否や古典科に入ったので、甚だ残念をした[5]」と回想している。

このように、中洲は二松学舎で陽明学を講じることは少なかったものの、『大学』を講義する際には王陽明（一四七二〜一五二九）の『古本大学』を用いており、その採用の理由について、陽明学は、工夫において朱子学よりも「精密」であればこそ「実用ニ適切」である。その説には間々誤りもあるものの、「古道に違」うことがない「真学問」を目的とするから、『大学』を講じる際には必ず『古本大学』を用いる、と述べている[6]。

やはり中洲は「実用」を重んじており、その根底に陽明学を位置付けていたのである。

以上のように、中洲は特に二松学舎創設当初は陽明学を大々的に講じることは少なかったものの、「実用」「有用」といった点に力を入れて教育をするために陽明学を取り入れることもあった、と結論付けられる。

続いて、中洲の三男三島復は明治一一年（一八七八）に生まれ、明治三四年（一九〇一）東京帝国大学文科大学漢学科に入学、明治三七年（一九〇四）七月に卒業して直接大学院に進学している。

彼は明治四二年（一九〇九）、三一歳の時に博士論文「陸王の哲学」を提出し、陽明学に関する研究を以て博士の学位を取得しようとした。しかし、提出された彼の博士論文は、結局受理されることはなかった。

では、復の博士論文は幻に終わったのかといえば、実は二松学舎の門人達によって全七巻の内容が二冊に分散されて出版されており、今日においてもほぼそのままの状態で読むことができる。

山田準の発言[7]に基づいてその経緯を解説すれば、執筆した博士論文「陸王の哲学」七巻は受理されなかったものの、復は、大正一二年（一九二三）、おそらく博論の予備原稿として残っていた巻一・二「陸象山の哲学」を出版しようと印刷段階まで入っていた。しかしこれを関東大震災により焼失し、さらに翌一三年（一九二四）二月一日に彼は亡くなってしまった。

しかし、復の死後、二松学舎の門人らが「陸王の哲学」の校正刷を発見、大正一五年に濱隆一郎（一八九〇～一九八〇）の識語を附してこれを東京宝文館より出版した。

そして、『陸象山の哲学』出版から七年後である昭和七年（一九三二）、復の博士論文「陸王の哲学」を、彼の主査であった市村瓚次郎（一八六四～一九四七）のもとより準が発見、さらにそれを写して、博士論文の巻三・四・五である「王陽明ノ部」を第一編、巻六・七である「評論ノ部」を第二編として、これを合わせて昭和九年（一九三四）『王陽明の哲学』と題して大岡山書店より出版した。同書には山田準撰文の「王陽明哲学序」及び「三島雷堂君伝」も附されており、復の陽明学理解について補足されている。『陸象山の哲学』及び『王陽明の哲学』より復の陽明学理解を考えることもできよう。

二　二松学舎と王学会

次に、明治三六年九月創設の王学会と二松学舎との関係について、二松学舎大学附属図書館三島文庫に所蔵される「王学会記録簿」（以下「記録簿」）から伺う。宮内作成の「仮規約」によれば、王学会は「陽明学ヲ講究スル」ことを目的とし、研究面に重きを置いていた。活動内容としては、明治三六年一〇月一一日より講義を中心とする例会がおよそ毎月一回行われ、明治三七年六月五日の第八回例会が東京学院で行われると共に第一回公開演説会が開かれた。

公開演説会はその後もおよそ毎月一回、基本的に第一日曜日に行われた。

公開演説会は第一回より順調に行われていたものの、一方で、第九回例会が行われたのは明治三七年一二月一一日であり、その時、名称も講究会と改められた。

講究会は、基本的に毎月の第二日曜日に各宅持ち廻り、あるいは学士会集会所などで行われた。こちらは「記録簿」による記録の限りでは明治四一年一〇月一一日の三四回まで行われた。内容としては『伝習録』などの講義を会員持ち廻りで行うものであったが、明治四一年は、そのほとんどを宮内默蔵及び三島復が担当していた。

この王学会の活動は、「記録簿」には明治四一年一〇月の活動までしか記されていないが、当時二松学友会より出版していた『二松学友会誌』という雑誌には、明治四二年八月に開催場所を斯文学会から二松学舎に変更したことが記されている[8]。

この変更の理由は何か。宮内默蔵「自叙伝[9]」によれば、東敬治が明治四一年に興した陽明学会に王学会を合併しようと謀り、それに宮内が激怒したからであった。

このことはおそらく東が陽明学研究を通じて「世道人心の扶植に資する」ことを目指したことと、

宮内らの率いる王学会との方針が違っていたからではないかと推測できる。

二松学舎に移った後の講義は、同じく『二松学友会誌』によれば、毎月第一日曜日に「演説及講義」が行われ、それらは少なくとも大正元年（一九一二）まで継続していたことが分かる。

三　三島中洲からの継承——二人の弟子と二松学舎

次に、二松学舎出身者の地方における活動と、昭和初めの二松学舎における活動とを伺うため山田準を取り上げる。

①山田準

山田準は、明治一六年高梁より上京して二松学舎の学僕となり、同時にその課程を修める。翌一七年山田方谷の養嗣子耕蔵（一八三九～一八八一）の長女春野（一八七〇～？）と結婚し、山田家を嗣ぐ。同年九月東京大学古典講習科漢書課に入学、島田重礼（一八三八～一八九八）などに学ぶ。明治二一年（一八八八）漢書課卒業後は、二松学舎の幹事などを務め、明治三二年（一八九九）熊本第五高等学校教授、明治三四年鹿児島第七高等学校教授を経て、大正一五年二松学舎学長に招聘され、昭和二年（一九二七）上京、翌三年（一九二八）専門学校設立に伴い同校校長となる。昭和一八年（一九四三）校長を辞して郷里高梁に帰郷する。

彼の陽明学関係の著作には『陽明学精義』（鹿児島王学会、一九二六）、『陽明学概論』（共立社、一九三三）『陽明学講話』（章華社、一九三四）などがあり、その内『陽明学講話』は昭和五五年（一九八〇）に二松学舎大学陽明学研究所より新版が刊行されている。この他、彼は陽明学に関する論文も多数執筆している。

彼の陽明学研究に対する貢献として特筆すべきは、鹿児島王学会における活動であろう。

鹿児島王学会は明治四一年九月、当時第七高等学校教授であった準に対して地元の有志が陽明学を講じるように依頼し、同月二四日から毎月二回、準が『伝習録』を講じることとなった。この時の参加者は漢学者に限らず、陽明学を学ぼうとする多様な分野の人々がいた。

準による『伝習録』講義は大正三年（一九一四）四月にひとまず完結し、再びその巻首より講じられることとなった。さらにこれに加えて『古本大学』の講義も毎月二回行うこととなった。

また同年八月一日から三日にかけて「鹿児島王学会陽明学研究会」が開かれ、東敬治が鹿児島を訪れて講演、準を始め鹿児島王学会の会員もそれぞれ講演を行っており、各講演内容は『陽明学』に収録されている。

この鹿児島王学会は、昭和二年準が二松学舎学長として上京するまで同地において続けられていた。では、準が二松学舎に赴任した後はどうであったかと言えば、実は、場所を移して東京においても鹿児島出身の軍人等の要望によって王学会は継続されていた。

テキストには「伝習録講本」を用いて、月次二回講じられ、さらに筆者架蔵「山田済斎君年譜略」（複写版。以下「年譜略」）昭和六年（一九三一）二月条には「二月王学会、「伝習録講本」を講了し、「大学古本」を開講す」とあり、昭和六年二月からは『古本大学』が講じられていたことが分かる。

準は、明治二九年一一月から明治三二年一〇月まで陸軍編修書記を務めており、早くから軍部との関係を有していた。軍人らが何故これほどまで陽明学を学ぼうとしていたのか、陽明学に対する彼らの関心や、準と軍人との繋がりについては今後、更なる研究を要する。

このようにして始まった王学会は、準が昭和一八年二松学舎専門学校校長を退任して高梁に帰郷する時まで継続していたようである。「年譜略」昭和一八年三月条にいう、

山田準、王学会の講席を宰すること十七年、会中諸子、陽明会員と謀り、君を目黒驪山荘に招饗して別を叙す。君、左の詠あり。

姚江東派探珠不　姚江 東派 珠を探るや不や
承乏講筵十七秋　乏しきを承け 講筵すること 十七秋
斯学一心師法在　斯学 一心 師法在り
時艱祇合賛皇猷　時艱 祇だ合に皇猷に賛すべし(10)

これは送別の記事であるが、準による漢詩の三句目「斯学一心師法在」からは、彼が山田方谷・三

島中洲の教えを継承していたと自任していたことが伺える。

彼は高梁帰郷後、『山田方谷全集』の編纂に従事し、昭和二六年（一九五一）に全三巻を刊行させた。彼は若い時から山田方谷の著作を整理しており、晩年になってようやくそれが結実した。彼が祖父方谷を顕彰しようとした態度からは、やはり「斯学一心師法在」という意志を感じ取ることができる。

②那智佐典

那智佐典は、明治六年（一八七三）七月一〇日に生まれ、明治二三年二松学舎に入学、中洲より陽明学を学ぶ。那智は当時を次のように振り返る。

> 最も私共の肺腑に浸み込みたるは伝習録であった。当時は唐宋八家文や文章軌範の時は、数十名の聴講生があったが、伝習録の受講者が僅に二三名を数えるに過ぎなかった。[11]

彼は松井や準とは異なり、中洲の講義で最も心に残っているのは『伝習録』であったと回想している。ただ、その受講生は少なかったことが伺える。

那智は明治二七年（一八九四）二松学舎を卒業して助教となるが、翌二八年（一八九五）郷里に帰り、二松学舎分校に属する私塾菁菁学舎を創設するも、明治三四年廃校、再び二松学舎に入学し、中学校などで教鞭を執る傍ら中洲の講義を聴き、また詩文の添削を請うた。明治三五年（一九〇二）には二松学舎の塾頭を命じられる。その後は大正一一年（一九二二）まで同校で教授、漢文科主任として活躍、大正一二年より大東文化学院教授などを務めた。昭和二年二月二松学舎が専門学校となるに際しその教授に就任した。

そして、昭和一八年四月山田準の後を引き継ぎ、二松学舎専門学校校長に就任、漢学専修二松学舎舎長を兼ねる。その後も昭和四四年（一九六九）一一月二一日に逝去するまで二松学舎に奉職していた。著作は『惇斎詩文稿』などがあるが、準と比べると少ない。

以上のように長年二松学舎に勤めていた那智の陽明学に関する見方は「斅学半説」[12]に取り上げられているが、同文で彼は「聖人の学は致知格物のみ」と言い、その中身について詳しく説明している。そして、最後に「我が良知を修むる」ことと「物の不正を正す」ことを「兼ねて之を合すれば、則ち真に之を知る。然る後聖人の学は全し」と述べているように、彼の学問の中心には陽明学があった。このような意識を持って昭和四四年まで二松学舎大学の中心的存在として学生へ教授していた。

以上見てきたように、二松学舎出身者達の中には陽明学を信奉する人々がおり、陽明学研究の成果を様々な形で世に出していた。大学昇格後の二松学舎の授業においても『伝習録』の授業があったことはもちろんだが、正式なカリキュラム以外にも、宮内・復による王学会の日曜の講義や、準が主宰していた王学会など、有志による陽明学の学習が進められてきたことが分かる。彼らが中洲の教えを常に意識して陽明学に関する活動をしていたであろうことは想像に難くない。

次に陽明学研究所について紹介する。

四　陽明学研究所の設置

陽明学研究所は、昭和五二年（一九七七）の二松学舎創立百周年を機に、翌五三年四月、理事長兼学長であった浦野匡彦によって設置された。

所長には浦野匡彦、研究所顧問には安岡正篤、参与には池田松郎・小林日出夫が就任し、その他所員には岡田武彦・山田琢・宇野精一・石川梅次郎・市川安司・赤塚忠・佐古純一郎・洪樵榕・（兼主事）中田勝と、学内外の中国思想の専門家を揃えている。活動の目的は、「研究所規程」第一条に「陽明学に関する綜合的研究を行い吾が国精神文化の発展に寄与することを目的とする。[13]」とあることから伺え、具体的には講演会や陽明学関係の図書の収集などが行われていた。

設立後の研究所の所属については、平成一六年（二〇〇四）四月東アジア学術総合研究所設置に伴い、その附属として陽明学研究部となって所長は主幹に改称され、平成二〇年（二〇〇八）四月陽明学研究室となって主幹は室長に改称され、平成三〇年（二〇一八）陽明学研究センターとなって室長はセンター長と改称され、現在に至っている。歴代の所長・主幹・室長・センター長は、①浦野匡彦②市川安司③洪樵榕④中田勝⑤松川健二⑥川久保廣衛⑦張明輝⑧田中正樹であって、基本的に宋明理学を専門とする教員が就任している。

次に開設後の具体的な陽明学研究所の活動について、三代所長を務めた洪樵榕の「陽明学研究所の思い出[14]」より伺う。

まず、陽明学研究所の設置当初より洪が所長に就任するまでは、研究所はそれほど活潑に活動していなかったという。これについて洪は、浦野が理事長と学長とを兼務しており多忙であったこと、前任の所長である市川安司が陽明学より朱子学の研究において優れたものがあったことを理由にあげる。そのような現状のもと、三代目所長に就任した洪は、活動を活発にするため、かなりの意気込みを持っていた。そこで彼は、①『陽明学』を全国の各国公・私立大学及び各都道府県図書館・文化施設へは全て寄贈すること、②研究所長の勤務時間の確保、③研究所の蔵書や資料の蒐集を行うことを決め、広く陽明学研究者や学生へ貢献するために尽力した。ここで注目すべきは洪が機関誌『陽明学』を創刊したことである。

『陽明学』創刊号は「山田方谷特集」であり、冒頭には当時の二松学舎大学理事長小池良雄による「『陽明学』発刊のことば[15]」が掲げられている。

二松学舎専門学校一一回生である小池は、三島中洲の陽明学の造詣が深かったと述べると共に、「その創設した王学会が専門学校初代校長山田済斎によって継承され、私も佐古学長と一緒に済斎先生に「伝習録」を学んだのである」と思い出を語っている。しかし、ここでいう王学会とは、中洲ではなく、おそらく中尾らが創設した王学会であり、準が継承したというのは、おそらく鹿児島王学会が東京でも引き続き行われていたことを指しているのであろうが、それでも二松学舎内外における陽明学の講義が継続していたことが分かる。そして『陽明学』創刊号が中洲の師である「山田方谷特集」であるのは、二松学舎における陽明学研究の新たな始まりを示したのであろう。この他、各特集内の論考は、個々の陽明学者を研究する上で非常に有益であり、このような特集を組み、日本における陽明学研究の中心として今後も活動していくことが期待される。

おわりに

以上、二松学舎をめぐる陽明学について、個々の事例を取り上げて通史的に概観してきた。

今後、この歴史を更に探究するためには次の三点を特に研究していくべきであろう。

一つ目は、三島中洲の陽明学理解とそれが弟子達に如何に継承されたのか、いわば学統の確立があったのかどうかということである。本稿で見てきた各人の著作をそれぞれ比較し、二松学舎における陽明学理解の継承関係について整理していく必要がある。

二つ目は、三島復の博士論文は受理されなかったが、今後は、復の思想研究を進めると共に、大学で陽明学を研究することの意義について考察を深める必要がある。

三つ目は、王学会と東敬治の陽明学会との関係についてであるが、宮内と東とは活動方針の違いによって仲違いを起こしたと考えられるが、一方で山田準は東との関係も深かった。よって二松学舎内における陽明学の在り方は、中洲や宮内、準など個々の人物の思想や立場を整理しつつ、更に研究すべきであると考える。

「二松学舎をめぐる陽明学」という大々的な題目を掲げてその歴史を概観してきたが、今後は二松学舎の歴史を考える上でも、特に以上の点に特に注目して研究を発展させていくべきであると考える。

なお、紙幅の関係で本稿では概略のみの記述に止めた。より詳細な資料等については二松学舎大学東アジア学術総合研究所陽明学研究センター『陽明学』三三号（二〇二三年三月発行）所収「二松学舎と陽明学の歴史」を参照されたい。

注

1 三島毅「余の学歴」（『中洲講話』文華堂書店、一九〇九）
2 「漢学大意」（二松学舎編『二松学舎舎則』二松学舎、一八七九）
3 町泉寿郎「二松学舎の漢学教育」（江藤茂博・町泉寿郎編講座近代日本と漢学第二巻『漢学と漢学塾』二松学舎、二〇二〇）
4 松井庫之助「二松学舎創立記念懐旧談」（国分三亥編『二松学舎六十年史要』二松学舎、一九三七）
5 山田準「松門懐旧雑記」（同注四書）
6 三島毅「学庸講義」（二松学舎編『漢文学講義録』、二松学舎大学ＳＲＦ所蔵加藤復斎旧蔵資料）
7 山田準「例言」（三島復『王陽明の哲学』大岡山書店、一九三四）
8 「彙報・会員及同窓消息・宮内點（ママ）蔵」（松友会『二松学友会誌』二四号、一九〇九）
9 宮内黙蔵「自叙伝」（『癸亥大詔通釈』松雲堂、一九二五）
10 漢詩の訓読は筆者による。
11 「伝統と権威をほこる二松学舎大学」（二松学舎大学『二松学舎大学新聞』八一号、一九五八）

12 那智佐典「斅学半説」(『惇斎文詩稿』浦野匡彦、一九六一)
13 「二松学舎大学陽明学研究所」(二松学舎大学『二松学舎大学新聞』一八八号、一九八〇)
14 洪樵榕「陽明学研究所の思い出」(二松学舎大学東アジア学術総合研究所陽明学研究部『陽明学』二一号、二〇〇九)
15 小池良雄「「陽明学」発刊のことば」(二松学舎大学陽明学研究所『陽明学』創刊号、一九八九)

報告

陽明学関連資料データベースの構築について
——附　自然言語解析試論

今井悠人

二松學舍大学において、陽明学に関する総合研究を行い、日本精神文化の発展に寄与する目的で、一九七八年に陽明学研究所が創設された。陽明学思想の啓蒙、資料蒐集のほか、『陽明学講話』、『陽明学十講』、『伝習録新講』の出版や、機関誌『陽明学』（年一回）発行などの事業を行ってきた。二〇〇八年四月には、名称を陽明学研究室と改め、二〇一八年四月には陽明学研究センターと改称し、東アジア地域を中心として展開する陽明学、及びそれに関わる思想・文化の研究を推進している。二〇二三年に本センターは設立四五周年を迎える。また、一八七七年に三島中洲が漢学塾として二松學舍を設立して以来、二〇二二年に一四五周年を迎えた。来たるセンター設立五〇周年と二松學舍創設一五〇周年事業の一つとして、本学所蔵や新規収蔵の陽明学関係資料のデータベース（以下、本データベース）を構築し、広く国内外に公開する。これにより、陽明学研究に関する世界的な拠点として陽明学研究センターの認知度を高めることを目指し、また陽明学研究の一層の発展を図りたい。

本学には既に日本漢学画像データベース[1]と日本漢文文献目録データベース[2]があり、国内外問わず多くの研究者らに利用されている。日本漢学画像データベースは文部科学省私立大学戦略的研究基盤形成支援事業「近代日本の「知」と形成と漢学」（平成二六年～三一年度）の助成を受け、同事業の一環として二松學舍大学が所蔵する漢学資料と関係研究資料の画像の検索、及び画像を公開するものである。三島中洲法律関係文書（学校法人二松學舍所蔵）、芳野金陵旧蔵資料（東アジア学術総合研究所所蔵）、加藤復斎旧蔵書（東アジア学術総合研究所所蔵）などが主要公開資料群であり、データベースに収録される画像データは、資料を撮影し、デジタル化したものである。日本漢文文献目録データベースは二一世紀COEプログラム「日本漢文学研究の世界的拠点の構築」（平成一六年度）の一環として構築、公開された。日本漢文文献およびその関連文献の基本的書誌を、国内にとどまらず海外をも視野にいれて集中的に収集したデータベースとすることを目標として、日本漢文学関連古典籍書誌所在データをその中心に据えて運用されている。

さて、右記のデータベースが既に公開されている中で、新たにデータベースを構築、公開する理由は何か。陽明学は簡易直截で、人の道義的精神をして実践せしめる儒学であり、革新的な活力に溢れている。これが明治から昭和初期に至る日本の精神史と社会にどのような影響を与えたのかを見るには、その間に発行された陽明学を標榜する雑誌を通読するのが最も良い。本データベースが書籍だけではなく雑誌を含むのは、こうした理由による。中でも本学に所蔵があり、雑誌名に陽明（学）や王学を含む次の五誌を取り上げる。

一、『陽明学』、吉本襄（鉄華）、鉄華書院、東京、明治二九年〜明治三三年
二、『王学雑誌』、東敬治（正堂）、明善学舎、東京、明治三九年〜明治四一年
三、『陽明学』、東敬治（正堂）、陽明学会、東京、明治四一年〜昭和三年
四、『陽明』、石崎酉之助（東国、酉之允とも）、大阪陽明学会、大阪、大正三年〜大正八年、陽明主義へ継承
五、『陽明主義』、石崎酉之助（東国）、大阪陽明学会、大阪、大正八年〜大正一四年

右の一から三の三誌は東敬治（東沢瀉の子）、井上哲次郎、山田準、三島毅（中洲）、渡邊国武（池田草庵の門人）、高瀬武次郎などが常連であり、多くの論考が掲載されている。鉄華書院版『陽明学』には山田方谷の『古本大学講義』も紹介されている。『王学雑誌』、『陽明学』の編集者でもある東敬治は、陽明学会を組織し渋沢栄一にも運営の助力を仰ぎ、また東京市丸の内仲通一八号館渋沢事務所に於いて毎月二回陽明学に関する講義を行い、また企画運営するなど、明治期における陽明学の振興に尽力したことでも知られている。興味深い点として、井上哲次郎の陽明論を批判する投書や田中参（従吾軒）の知行合一説への反論が掲載されている。これは大家を畏れない活発な交流と理解できる。また、河井継之助に兄事した鈴木無隠の論説も掲載されている。河井は備中松山を訪れ、山田方谷に

師事、藩政改革の基本的姿勢や使命感を学んだ。しかし河井は著書を残さなかったため、鈴木が陽明学に掲載した『論語講義』の中で語る河合の姿はその実態や思想を知る上で大変貴重なものである。また、川尻法岑が心学の立場から『荘子』を説き起こした『荘子物語』や、朱子学者の大野雲潭、独自の心学運動を展開した足立栗園、倫理学者の中島力藏など陽明学の枠に囚われない点も、他に見られない特徴である。

大阪で発行された二誌は、大塩中斎（平八郎）の学問を祖述するために組織された「洗心洞学会」を改名してできた「大阪陽明学会」が発行したものである。そのため、東京の陽明学関連雑誌とは異なり、大塩の学問やその評価が取り上げられることも多い。このことからも、地方における特色ある陽明学研究という点においても重要な資料と言える。

各誌の特徴についてもう少し詳しく触れる。鉄華書院版『陽明学』は、これまで王学や姚江学と言われていたものが、本雑誌が普及するにつれて「陽明学」という呼称が日本、支那、朝鮮にも広まった(3)。吉本は後継誌として『修養報』を計画していたようであるが、未刊となっている。『王学雑誌』、陽明学会版『陽明学』は、吉本の志を継ぎ、陽明学を盛んにし世道人心の振興を目的として刊行された。東京を中心とした陽明学者、研究者らの文章を中心に構成されており、論説、伝記、講義、文苑、問答、雑録、社告、社報などからなる。時には故人の文章も掲載し、執筆者を通しての陽明学観により論が展開されているものが多い。東沢瀉著、東敬治増補講義「儒門證語増補講義」の完結を契機として、『王学雑誌』は後継の『陽明学』に発展的に継承された。陽明学会版『陽明学』は、陽明学振興による時勢救世の機関紙となることを目的とするが、朱子学や老荘、仏教、国学、神道、西哲、キリスト教論なども掲載し、さらに世に隠れた地方の陽明学者らを探訪して紹介するという特色がある。また、人物詳伝や風教に益ある偉人傑士の遺訓、格言、詩文も収載する。『陽明』の発行者である大阪陽明学会は、大塩中斎の志を伝道していた洗心洞学会を改名し、石崎東国が中心となり明治四〇年に誕生した。『陽明』はその機関紙として原則毎月一回、新聞紙形式で発行された。題字は三宅雪嶺によるもので、その内容は大塩中斎に関する文章を多く掲載する。大阪の学会に於いて、大塩中斎を通して陽明学がいかに身近な問題として感じられていたか、かつ関心が深かったかということが、本誌を通じて窺い知ることができ、大阪における特色ある陽明学研究という点においても重要な資料であるといえる。大正八年に、後継として『陽明主義』を刊行した。

このように、本データベースにおいて対象とする雑誌は明治から昭和初期における陽明学研究の最前線資料であるだけに止まるものではなく、投書を通じて大家の説にすら批判を加える民間における陽明学の理解を追うことができ、さらには大阪における陽明学の特殊な立ち位置についても知ることができる貴重な資料である。このような資料を記事名、著者名、刊行年等の書誌情報を検索することができ、記事本体は画像で閲覧可能な状態で広く公開することは、陽明学研究のみならず広く日本漢学の発展に資するものと信じる。また巷間にあっては陽明学を通して人心を陶冶し、忠孝倫理の道を養成する縁になるものと考える。また、中江藤樹、熊沢蕃山、三輪執斎、吉村秋陽、山田方谷などの既に日本漢学画像データベースに収蔵されている陽明学関連資料の画像は本データベースとも連携し、

[図一]

[図二]

相互参照ができるようにする。

　さて、本データベースには本学収蔵の『伝習録』（明嘉靖三七年刊）も画像として収録する（図一、図二）。『伝習録』の成立は薛侃による正徳一三年現行上巻の基礎部分の刊行がなされてから、嘉靖三五年に現行下巻部分の成立を見るまで、幾度かの増補改定がなされていることは周知のことである。これら順次成立した各本を合冊刊行した最初のものが、『年譜』嘉靖三四年の条に見える胡宗憲による『文録』との同時刊行本である『伝習録』である。(4)巻頭に「後學新安胡宗憲重刻」「唐堯臣校正」とあることからもそれがわかる。さて、本書は加藤常賢の寄贈により収蔵された。巻首に「尾陽　大庫」の方印があることから、元々は尾張徳川家の収蔵本であったことがわかる。「拂」の円印があることから、尾張家からの払い出しがなされたものであろう。東京本郷区湯島四丁目八番地の円印が二箇所に見える。東京市本郷区地籍台帳によると、明治四五年時点での本郷区湯島四丁目八番地、八五五、四三坪の所有者は長谷川泰であることがわかる。下に位置する円印（維軒文庫の印の左）の内部に書かれた文字は長谷川泰と読めることから、一時は長谷川の所蔵にあったことがわかる。長谷川は天保一三年、越後国古志郡福井村で長岡藩医漢方医であった長谷川宗斎の長男として生まれる。越後長岡藩の軍医を務め、済生学舎（後に東京医学専門学校済生学舎、日本医科大学の前身）を開校、内務省衛生局長を務め、明治四五年に没した。北越戦争時に河井継之助の最後を看取った人物である。さて、上部に押された東京本郷区湯島四丁目八番地の円印であるが、『地籍台帳・地籍地図 東京 第3巻台帳編』によると、昭和七年時点での所有者は浅田良彦であることがわかる。浅田は大地主、大家主、ミシン輸入商として当時名高い人物であった。しかし、円印内部の印影からはその名前を読み取ることは難しい。

さて、最後に現時点（令和四年九月）で入力が完了している書誌情報を用いて、基本統計情報と、簡単な自然言語解析を試行した結果について紹介する。解析対象は鉄華書院版『陽明学』、『王学雑誌』、陽明学会版『陽明学』、『陽明』の四誌である。なお、ここで扱うデータは完全なものではなく、データクレンジングも不十分である点を断っておく。完全なデータを用いた解析結果については稿を改めて紹介する。各資料の基本統計情報と、テキスト分析結果の図は次の通りである。

・**鉄華書院版『陽明学』**

刊行期間　明治二九年～明治三三年

発行号数　全八〇号

総記事数　一一五四件

投稿者数　約二二九人（約とあるのは、例えば三島毅と中洲とは別として計算しているためである。以下同様）

二松學舍関連記事として、三島中洲 三編（「王子四句訣」、「仁齋學の話」、「丙申春日。拝東宮侍読之命。賦此告方谷先師霊。」）、山田準 二編（「王學一斑」、「山田方谷 古本大學講義」）がある。また、関連して「山田方谷袴を広げる癖あり」などもあり、方谷の人物像を探る上での貴重な資料でもある。

・**『王学雑誌』**

刊行期間　明治三九年～明治四一年

発行号数　全一二号

総記事数　百三九件

投稿者数　約三一人

鉄華書院版『陽明学』

[図三]

『王学雑誌』

[図四]

二松學舍関連記事として、三島中洲 一編（「同体異用」）、三島復 二編（「山田方谷と春日潜庵」、「王学の六主義」）がある。

・**陽明学会版『陽明学』**
刊行期間　明治四一年～昭和三年
発行号数　全一九六号
総記事数　四〇六九件
投稿者数　約一〇八〇人

［図五］

二松學舍関連記事として、三島中洲 三四編（「中江藤樹伊藤仁齋兩先生」、「陽明致良知訓の年代に就て」、「陸子学講に就て」、「陽明學研究の心得」など）三島復二四編（「陽明學研究の心得」、「山田方谷先生の學説」、「山田方谷先生の教育」、「事上磨錬に就て」など）、山田準 九八編（「王學管見」、「觀念論と王學」、「薩藩王學者伊東猛右衛門翁」、「東澤瀉と西郷南洲」、「言志録釋義」など）がある。

・**『陽明』**
刊行期間　大正三年～大正八年

発行号数　全八三号
総記事数　二〇〇〇件（四号から八三号）
投稿者数　約五〇九人（四号から八三号）

二松學舍関連記事として、三島中洲 三編（「陽明洞詩碑」、「軽雲外山修造君墓碣銘」、「岡村閑翁齢九十一見贈賀詩賦此以謝」）、三島復 二編（「『我国の徳育と孔子教』に就ての問答」、「陽明学研究跋」）、山田準 二三編（「『誠意』について」、「朱子晩年定論」、「欧陽南野と其の教語」、「春日潜庵翁と山本権兵衛」など）がある。

図三から図六に示したものは、各雑誌に収録されている論文、論説の題名を自然言語解析し、ワードクラウドとして表示したものである。ワードクラウドとは、頻出単語ほど大きく中央に位置して表示され、出現頻度が低くなるごとに周辺に小さく配置される可視化手法である。ここでは助詞を表示対象から除いたが、それ以外の品詞についてはそのまま表示させた。また、「先生」を除くべきである、「大塩」と「中斎」は「大塩中斎」とすべきである、「王学」と「陽明学」は同一視すべきであるか否かなど、処理に関して考慮すべき点はあるが、データが全て揃っていないこともあり、ここでは措い

［図六］

ておく。さて、各図を比較すると、本稿の前半で述べた各雑誌の特徴がよく現れていることに気づかされる。特に東京で発行された三誌と大阪で発行された一誌とでは、大塩中斎の出現頻度において大きく異なるということが見てとれる。『陽明』では王陽明と並んで大塩中斎に関する論考が多く掲載されており、藤樹の名前もあるものの、その多くは洗心洞を中心としたものであると考えられる。一方で他の三誌についてもそれぞれに特徴がある。鉄華書院版『陽明学』においては、講義録が多く収録されていたことや、佐藤一斎、西郷隆盛、藤田東湖についても多く述べられており、漢詩も多く収録されていた。『王学雑誌』は刊行年が短く、収録された文章も多くないためワードクラウドでは十分な分析ができないものの、講義や詩が収載されており、大塩中斎や中江藤樹についても多く論じられていたことがわかる。陽明学会版『陽明学』は最も記事数が多いため自然言語解析に向いていると言えるが、中江藤樹や熊沢蕃山、東沢瀉、佐藤一斎など広く先達の論考について扱い、講義録だけでなく肖像や書幅の図版も掲載していたことがわかる。

今回は初歩的な分析結果の紹介にとどまったが、データベースが完成すれば各雑誌に投稿している人物の統計的分析や、投稿先を一つのグループとして扱うことで人的繋がりを見るネットワーク分析、年代ごとの論題の移り変わりなど様々な分析が可能になる。引き続きデータベースの完成に向けて作業を進めるとともに、統計学や機械学習を用いた計量分析も進めていきたい。

参考文献

1　日本漢学画像データベース〈https://www.nishogakusha-kanbun.net/database2/〉
2　日本漢文文献目録データベース〈https://www.nishogakusha-kanbun.net/database/〉
3　吉田公平、「日本近代――明治大正期の陽明学運動」、『国際哲学研究』七号、東洋大学、二〇一八
4　高山節也、「陽明学研究所所蔵目録（一）」、『陽明学』創刊号、二松學舍陽明学研究所、平成一〇年

報告

九州大学における陽明学研究
——回顧と展望——

藤井倫明

はじめに

九州大学中国哲学史講座（以下、「九大中哲」と略称）は、初代主任教授の楠本正継氏（一八九六～一九六三）以来、朱子学・陽明学を中心とする宋明時代思想の研究と顕彰に力を注いできた。九大中哲が近・現代の日本における宋明思想研究、中でも陽明学研究の分野において重要な位置を占めてきたことは衆目の認めるところであろう。楠本氏は学位論文『陸王学派思想の発展』及び畢生の大著『宋明時代儒学思想の研究』において時代精神の変遷という視点から陽明思想について深く掘り下げた分析を行い、陽明学研究を大きく前進させた。楠本氏の高弟、岡田武彦（一九〇八～二〇〇四）、荒木見悟（一九一七～二〇一七）の両氏は、さらに積極的に陽明学研究に取り組み、日本の陽明学研究の水準を質量共に高め、戦後の陽明学研究を牽引した。荒木氏の後を受けて九大中哲で教鞭を執った柴田篤氏（一九五二～）も、楠本氏以来の宋明思想研究の学脈を継承し、王龍渓の思想をはじめとする陽明学関連の研究を推進した。その他、九大中哲出身の難波征男氏（一九四五～）、荒木龍太郎氏（一九五一～）、石田和夫氏（一九五一～）らも岡田、荒木両氏の学問を継承する形で、陽明学とくに陽明後学の研究を精力的に展開している。また陽明学研究の大家として著名な吉田公平氏（一九四二～）は東北大学の出身であるが、四年間にわたり九大中哲の助手を務め、荒木氏から大きな影響を受けており、その陽明学研究は九大中哲と無縁ではない。近・現代日本のアカデミズムの世界における陽明学研究の発展を考える上で、九大中哲の存在を無視することができない所以である。

そこで本稿では、今回のシンポジウムのテーマ「近代日本の学術と陽明学」に呼応すべく、九大中哲における陽明学研究について、以下のような視点から回顧と展望を試みることとした。（1）九大中哲では、講義や演習においてどのように陽明学が取り上げられ、教授されてきたのか。（2）九大中哲の教員、学生（院生）、ＯＢなどが公にした陽明学研究の成果にはどのようなものがあるのか。（3）九大中哲における宋明思想研究の基礎を築いた楠本正継氏、それを継承、発展させた岡田武彦氏と荒木見悟氏、この三者の陽明学研究の特徴、及び学術的貢献はどのようなものか。（4）陽明学研究の伝統を有する九大中哲は、今後どのような陽明学研究を展開していくべきか。

なお筆者はこれまで主に朱子学研究に従事してきたため、陽明学研究の歴史についての理解が不十分であり、ここで「陽明学研究の回顧と展望」とうたいながら、楠本、岡田、荒木三氏の成果を国内外の陽明学研究史上に的確に位置づけ、その学術的意義、貢献について適切な評価を加えることはできていない。実質的には三氏の「宋明思想」研究の大まかな特徴、傾向の紹介に止まっていること、前もってお断りするとともにお詫びしておきたい。

一、九州大学における「陽明学」研究の系譜

九州大学における「陽明学」研究の系譜は、初代教授楠本正継より始まる。楠本氏は東京帝国大学支那哲学科を卒業後、浦和高等学校（現埼玉大学）教授を経て、一九二六年、九州帝国大学法文学部に助教授として赴任し、翌年一九二七年には支那哲学史講座（現「中国哲学史講座」）教授となる。以後、一九六〇年に退官するまで、三〇余年にわたって宋明思想を教授し、数多くの弟子を育て、九大中哲における陽明学研究の基礎を築いた。なお、九大中哲は、一九四七年に新たに先秦諸子の思想を専門とする山室三良が赴任して以降、唐代以前の古代・中世の分野を担当する教員と宋代以降近世・近代（宋明思想）の分野を担当する教員との二人で構成されることとなり、現在に至っている。

なお現在の基幹教育院の前身である教養部では、楠本門下の岡田武彦氏【在任期間：一九四九年～一九七二年】が教鞭を執り、陽明学を中心に宋明思想を教授していた。さらに岡田氏の後任として教鞭を執った福田殖氏【在任期間：一九七四年～一九九六年】も楠本、岡田両氏の薫陶を受けた九大中

哲出身の研究者であり、岡田氏と同様、教養部において陽明学をはじめとする宋明思想を教授した。従って、岡田氏が赴任した一九四七年以降、福田氏が退官する一九九六年に至るまで、九州大学では、教養部の一年次から陽明学、宋明思想に親しみ、段階的に知識を深めていくことのできる環境にあったといえる。九大中哲から宋明思想研究に従事する研究者が多く輩出したのもこうした教育環境、教員に恵まれていたことも関係があるように思われる。一九七〇年代、九州大学が宋明思想研究の分野において極めて理想的な環境と見られていたことは、東北大学から九大中哲の助手として赴任した吉田公平氏が次のように回顧していることからも確認できる。

中国古代――中世哲学研究が中心である東北大学で一人淋しく明代思想史を専攻していた吉田は、楠本先生以来、宋明思想研究の中心地である九大中哲に来てからというもの我が水を得た思いのする毎日であった。斯分野では屈指の陣容を誇るこの地で研鑽する機会に恵まれたことを感謝したい。

（九州大学文学部同窓会『会報』第一四号、「研究室だより」、一九七一年、六五ページ）

このような理想的な環境の下、九大中哲からは以下のように多くの宋明思想研究者が輩出した。（括弧〔　〕内には主たる赴任校を記載した。）

◆楠本門下

大濱皓（一九〇四～?）〔名古屋大学〕、久須本文雄（一九〇八～?）〔日本福祉大学〕、

岡田武彦（一九〇八～二〇〇四）〔九州大学〕、荒木見悟（一九一七～二〇一七）〔九州大学〕、

佐藤仁（一九二七～二〇二〇）〔広島大学〕、福田殖（一九三三～二〇一六）〔九州大学〕

疋田啓佑（一九三七～）〔福岡女子大学〕

◆岡田・荒木門下

難波征男（一九四五～）〔福岡女学院大学〕、牛尾弘孝（一九四八～）〔大分大学〕、

荒木龍太郎（一九五一～）〔活水女子大学〕、石田和夫（一九五一～）〔福岡大学〕、

柴田篤（一九五二～）〔九州大学〕、野口善敬（一九五四～）〔花園大学〕

小宮厚（一九五二～）〔久留米工業高等専門学校〕

この中、岡田武彦、荒木見悟、福田殖、疋田啓佑、難波征男、荒木龍太郎、石田和夫、柴田篤の諸氏が、陽明学、陸王心学関連の研究に従事し、成果を上げている。なお、陽明学研究で著名な吉田公平氏は、九大中哲出身ではないが、先に紹介したように九大中哲の助手を勤め、荒木氏や岡田氏の薫陶を受けており、九大の陽明学研究と無縁ではない。また、岡田、荒木両氏は、張岱年（一九〇九～二〇〇四）、Wm・T・ドバリー（一九一八～?）、張立文（一九三五～）陳来（一九五二～）、銭明（一

九五六〜）、呉震（一九五七〜）など海外の研究者とも宋明思想、陽明学研究の分野で学術交流を展開している。

二、九州大学における歴代講義・演習（陽明学、明代思想、心学と関わるもの）

次に歴代の講義や演習において陽明学がどのように取り上げられてきたのか簡単に振り返ってみたい。先ず初代教授の楠本氏だが、「先学を語る――楠本正継博士――」[1]や岡田武彦『わが半生・儒学者への道』などの回顧記録によると、楠本氏は次のような講義・演習を行っていたことが確認できる。

昭和五年度（一九三〇）　講義（前期）「荘子及び荘子郭註の人生観」
　　　　　　　　　　　　講義（後期）「王陽明」
昭和六年度（一九三一）　講義（前期）「先秦哲学史」
　　　　　　　　　　　　講読（前期）「伝習録」
　　　　　　　　　　　　演習（前期）「老子王弼註」
昭和七年度（一九三二）　講義「周易本義」
昭和八年度（一九三三）　演習「孟子字義疏証」

昭和一五年度（一九四〇）講義「朱子とその学説」

その他、開講年次は不明であるが、『荘子郭象註』、『周易程氏伝』、『明儒学案』、『孫子』、『伊洛淵源録』、『正蒙』、『性理字義』などの演習、王龍渓や「朱子の生涯とその学説」に関する講義が行われたようである。(2) こうした回顧や記録により、楠本氏が易学、老荘思想、宋明思想を中心に教授していたことを確認することができる。この点については、荒木見悟氏も「昭和五年から昭和三五年まで三〇年間、九州大学で講義された訳ですが、やはり一貫して易と老荘と宋明、そういう三つの大きな柱がある様な気がしますね。(3)」と回顧しており、裏付けることができる。なお陽明学の分野では、王陽明、『伝習録』、『明儒学案』、王龍渓が取り上げられており、特に王龍渓に関しては二、三回も講義が行われたようである。

では楠本氏は、陽明学をはじめとする中国哲学を、どのような観点、立場、方法で教授したのであろうか。この点については岡田、荒木両氏の次のような回顧が参考になる。

時には注や文字の考証に及ばれることもありましたが、大すじにおいて、思想内容を中心とされていました。正確な読み方をすることと、思想を正しく、把握することを眼目とされていました。

（「先学を語る——楠本正継博士」、『東方学回想Ⅴ先学を語る（4）』、一四四ページ）

示された講義題目は「朱子とその学説」であったが、第一回は、朱子学研究の必要姓を述べ、参考資料を紹介なさるに終わったように思う。当時は、八紘一宇とか東亜共栄圏などの論議が、しきりにマスコミをにぎわし、東洋思想の再認識がはなばなしく叫ばれていたのであるが、この講義は、そうした時流には見向きもせず、ひたすら原資料を縦横に駆使しつつ、朱子の人間像と思想構造を、真正面から解明しようとされたものであった。

（荒木見悟「近世儒学の発展――朱子学から陽明学へ――」、『朱子・王陽明』、中央公論社、一九七四年、七ページ）

ここから楠本氏の九大中哲での講義・演習が、書誌学的、考証学的側面よりも、「思想内容」、「思想構造」の解明に重点を置くものであったこと、そして「思想」そのものが考究の対象となりながら、時代思潮に迎合して、安易に「東洋思想」の現代的な意義を説いたりはせず、あくまで原典資料に立脚して朱子学や陽明学の歴史的実像の解明を試みる、非常にストイックなものであったことが分かる。

楠本氏が退官して以降の九大中哲でなされた講義や演習のテーマに関しては、昭和三二年（一九五七）から刊行されている文学部同窓会『会報』所載の「研究室便り」を通してその一斑を窺うことができる。また昭和五〇年（一九七五）には『九州大学中国哲学論集』の刊行も始まり、昭和五〇年以降、各年度の教養部・文学部における講義題目はその巻末に掲載されている「彙報」を通しても確認することができる。紙幅の都合上、ここにこれまでの講義題目を列挙することは差し控えるが、陽明学関連の講義では「王陽明の生涯と思想」（岡田・福田）、「明代思想史」（荒木）、「管志道研究」（荒木）、「李卓吾研究」（荒木）、「仏教と陽明学」（荒木）、「明代思想史概説」（福田）、「明清思想史の諸問題」（柴田）、「陽明学における生と死の問題」（柴田）などが見られ、演習では、『伝習録』（荒木）、『欧陽南野集』（荒木）、『王龍渓語録』（荒木）、『王文成公全書』（荒木）、『劉子全書』（柴田）、『標注伝習録』（柴田）、『王龍渓集』（柴田）、『聶双江集』（柴田）などが取り上げられている。

なお、これまでに九大中哲でなされた宋明思想分野の講義題目を通覧してみると、宋代思想、朱子学関連の講義や演習よりも明代思想、陽明学関連のものが比較的多く見られ、九大中哲の宋明思想研究が、どちらかと言うと明代思想、陽明学研究の方に力を入れる傾向があったことを窺うことができる。これは九大中哲の宋明思想研究を支えてきた岡田、荒木、柴田の三氏が陽明学や明代思想により強い関心を抱いていたことと関係があると思われる。なお、昭和五一年度（一九七六）に荒木氏の行った講義「管志道研究」は、中哲のＯＢや学外の学徒も聴講を望み、足を運ぶような名講義であったようで、その白熱した講義の様子を、当時の助手であった邊土名朝邦氏は次のように記録している。

荒木先生の管東溟の講義は、志道に関わりあう耿天台・李卓吾等にも及び、明末思想界の鉄火場的状況がまざまざと浮かびあがってくるように感じられます。先輩諸氏をはじめ学外の篤学な方々も聴講され、毎週火曜日は研究室に一種の熱気が漲っています。

（九州大学文学部同窓会『会報』第二〇号、「研究室だより」、一五ページ、一九七七年）

三、九州大学における学位論文と『中国哲学論集』

楠本氏から岡田・荒木両氏を経て、柴田氏に至るまで、上述したように宋明思想、特に陽明学、明代思想の領域をカバーする充実した講義、演習がなされた結果、九大中哲から陽明学の領域で学位を取る人材が輩出した。九州大学において陽明学、明代思想関連の研究で取得された学位には以下のようなものがある。

・昭和三五年（一九六〇）岡田武彦「王陽明と明末の儒学」（論文博士）
・昭和五五年（一九八〇）溝口雄三「中国前近代思想の屈折と展開」（論文博士）
・平成六年（一九九四）李鳳全「中国近世近代社会における陽明心学の展開に関する研究」（課程博士）
・平成九年（一九九七）鄭址郁「良知現成論に関する研究――王龍渓・王心斎を中心にして――」（課程博士）
・平成二〇年（二〇〇八）銭明「陽明学の成立と展開」（論文博士）

また、先にも触れたように、昭和五〇年に九大中哲を拠点に「中国哲学研究会」が結成され、年に一回『中国哲学論集』(以下『中哲論集』と略称)が刊行されることとなった。『中哲論集』は、会員である九大中哲の教員、院生、OBが研究成果を発表するプラットフォームのような役割を果たしてきたもので、『中哲論集』掲載の論文を通して、九大中哲関係の研究者が、これまでどういったテーマに関心をもって研究をしていたのか、そうした研究動向の一端を窺うことができる。今、『中哲論集』に収録されている論文の中から陽明学、明代思想、心学(宋代を含む)関係の論文をピックアップしてみると、以下の通りである。( )内は号数。

・牛尾弘孝「楊慈湖の思想――その心学の性格について――」(1)
・柴田篤「王龍渓の思想――良知説の一展開――」(1)
・岡田武彦「明末儒学の展開――幕末の朱王学――」(2)
・石田和夫「銭融堂について――陸学伝承の一形態――」(2)
・吉田公平「王陽明の思想――体認をめぐって――」(3)
・荒木龍太郎「羅念菴の良知説について――王龍渓との関連を通して――」(3)
・藪敏也「王陽明・その隠遁の思い――陽明文録を読む――」(5)
・荒木見悟「唐伯元の心学否定論」(5)

・石田和夫「程敏政についての一考察――朱陸異同についての一考察――」(特)
・吉田公平「王陽明の「朱子晩年定論」について――明末清初朱陸論序説――」(特)
・佐野公治「晩明の四書学」(特)
・荒木見悟「顔茂猷小論」(特)
・荒木見悟「林希逸の立場」(7)
・木村慶二「白沙学の性格とその思想史的意義」(11)
・荒木龍太郎「楊普菴の思想について――万暦期理気一体論の一考察――」(11)
・岡田武彦「宋明儒学思想の動向についての一考察――実践化と単純化への志向性――」(12)
・銭明「当代中国的陽明学研究」(13)
・木村慶二「王龍渓思想に関する一考察――聶双江との比較を通して――」(14)
・李鳳全「王陽明思想の一考察」(17)
・木村慶二「鄒東廓思想研究序説」(17)
・木村慶二「鄒東廓の思想形成に関する一考察――王陽明思想の受容と変容――」(19)
・李鳳全「清朝前期の心学について」(19)
・荒木見悟「郝楚望の立場」(20)
・鄭址郁「王陽明哲学における善概念」(20)
・裵健「王陽明の「心中の賊は破るは難し」について」(20)

・福田殖「『明儒学案』成立に関する一考察」(21)
・荒木龍太郎「王心斎新論——思惟構造の観点から——」(22)
・松崎賜「高忠憲研究序説——老荘と儒学——」(25)
・森宏之「陳白沙と明初の思想界」(27)
・銭明「王陽明『歴朝武機捷録』について——永冨青地氏の論稿に寄せて——」(28)
・荒木見悟「新版仏教と儒教執筆意図」(44)
・陳来「『万物同体』と王陽明思想の晩年における発展」(45)

第一号から第四五号に至るまで、陽明学(明代思想、心学)関連の論文が三二本あり、特に二八号(二〇〇二年)以前は、かなりの頻度で陽明学関連の論文が掲載されており、陽明学研究が活潑に行われていたことが分かるであろう。

四、楠本正継、岡田武彦、荒木見悟の陽明学研究

次に九大中哲の陽明学研究の礎を築いた楠本、岡田、荒木三氏の陽明学を含めた宋明思想研究の具体的特徴を概観してみたい。

（一）楠本正継の陽明学研究

先ず、楠本氏であるが、氏の著述の中、陽明学研究関連のものを示せば、以下の通りである。(4)

・「日本陽明学派の一特色」（「日本儒学の一断面」原稿、未刻、一九三七年）
・「宋明儒学に関する一考察――心即理の思想の発展――」（『九州帝国大学法文学部十周年記念哲学史学文学論集』、一九三七年）
・「陸王学派思想の発展」（東京大学・学位論文、一九四二年）
・「宋明両思想の葛藤」（九州大学文学部同人雑誌『人文』第一巻・第三号、一九四七年）
・「王陽明晩年の思想――致良知論釈――」（『叙説』第五輯、小山書店、一九五〇年）
・「陽明学の精神」（『哲学雑誌』第六六巻・七一一号、一九五一年）
・「宋明時代儒学思想の研究」（ロックフェラー財団研究助成報告、一九六〇年）
・「宋明思想家の考へた教育の本質」（『比較教育文化研究所紀要』第八号、九州大学教養学部、一九六一年）
・『宋明時代儒学思想の研究』（広池学園出版部、一九六二年、一九六四年〔増訂版〕）

楠本氏は周知の通り、幕末維新期の儒者楠本端山の孫、楠本碩水の姪孫に当たる。そして端山、碩水兄弟は、山崎闇斎学派の朱子学を信奉していたため、楠本家はそもそも朱子学と縁の深い家柄にあったと言える。ところが楠本氏には陽明学に対する偏見のようなものは一切見られず、生涯にわたり、極めて積極的に陽明学研究に取り組んでいる。そして興味深いことに、楠本氏の学位論文は朱子学ではなく、「陸王学派思想の発展」というまさに陽明学を取り扱ったものであった。楠本氏は、昭和三一年から三五年の四年間にわたり、米国ロックフェラー財団による助成金を受け、「宋明思想の研究」という共同プロジェクトを主宰、遂行し、(5)これにより九大中哲の陽明学をはじめとする宋明思想研究がより充実し、強化されることとなった。なお、このプロジェクトのために収集、整理された宋明思想関連の資料、図書は、現在「坐春風文庫」として九州大学中央図書館に収蔵されている。そもそも楠本氏畢生の大著『宋明時代儒学思想の研究』は、このプロジェクトの研究成果としてまとめられたものである。

次に楠本氏の陽明学研究、宋明思想研究の特徴についてまとめてみると、先ず指摘できるのが、宋明両思想（朱子学、陽明学）をバランス良く研究していることではなかろうか。先にも指摘した通り、楠本氏は崎門朱子学を家学としながらも、その研究には朱子学への思い入れや陽明学に対する批判などは一切見られない。朱子学（宋学）と陽明学（明学）に優劣をつけることなく、両者何れにも思想的価値を見出し、その本質を捉えようとしている。楠本氏には、もはや伝統儒学に典型的に見られる「正学」、「正統」意識といったものは存在していなかったようである。氏は朱子学・陽明学を、中国の宋代・明代に生まれた思想的営みとして歴史的に位置づけ、純粋に思想史研究の立場から研究している。柴田篤氏も、楠本氏の宋明思想研究は「宋学と明学を対比的に捉えながら、それらを総体として捉えることによって、思想というものの持つダイナミックな運動の姿を描き出」し、「様々な葛藤を生みながら展開していく思想の本質（主体）そのものに迫ろうと」するものであったと指摘されている。(6)

次に指摘できるのが、原典資料の素直な偏見のない読解と古人（研究対象）の立場に沿った内面的理解（「体認」）であろう。これは、まさに「思想の本質（主体）そのもの」を的確に捉えるために楠本氏が心がけた研究方法であり、氏自身、次のように語っている。

此際著者は出来るだけ原典につき、成心なく古人の立場を追うてこれを体認し、たとへ平正に失しても、かりにも歪曲に陥らぬやうに心掛けたつもりである。これは両学についてなされる批評など、新古、賛否何れにせよ、一度は原典の素直な理解を通じてなさねばならなかったし、またなして欲しい心からのことである。

（『宋明時代儒学思想の研究』、後記）

三つ目に指摘できるのが、朱子学・陽明学を生み出し、成立させた時代精神、精神文化の基調、原理をダイナミックに解明しているという点であろう。楠本氏によれば、宋代思想の特徴があり、宋代精神は「静的・内面性尊重」を基調とするもので、「道理（法則）」を重視する点に宋代思想の特徴があり、明代精神は「動的・現実性尊重」を基調とするもので、「生命」を尊ぶ点に明代思想の特徴が現れているということになる。

四つ目に指摘できるのは、宋学と明学、引いては儒家思想と道家思想を一貫して流れている中国思想の根本原理を解明しようと試みていることであろう。楠本氏の関心は、宋学、明学の対比に止まらず、儒家思想全般、さらには道家思想をも含めた中国民族の精神（心）にまで及んでいる。楠本氏が見出した、中国思想を根底で貫いている原理、中国民族の精神は「自然」に他ならなかった。楠本氏は、宋学は「性」を通じて、明学は「心」を通じて、何れも「天」即ち「自然」に帰するとした上で次のように指摘している。

> 中国の精神は自然を離れぬ運命を持つであろう。……あの敬虔な民族の心の奥には自然の秘機を窺むことの反省、自然の霊に対する深い郷愁が永なへに湛られぬと誰が保証し得よう。実はこれこそ此民族の叡智、その救ひ、否全人類の救ひとなるかも知れぬのである。
> （「宋明両思想の葛藤」、『楠本正継先生中国哲学研究』、国士舘大学附属図書館、一九七五年、一九一ページ）

ここで楠本氏が中国民族、引いては「全人類の救ひ」に言及していることに注目したい。楠本氏の研究が、時流には関心を示さず、原典資料を正確に読み解いていくストイックな風格のものであったことは先に指摘したが、氏の陽明学研究、中国思想研究が、決して学問のための学問、あるいは過去の思想の懐古趣味的な探求に止まるものでなく、中国思想が秘めている可能性、普遍的な意義を「全人類」的な次元で考えるという極めてスケールの大きなものであったことが理解できるであろう。なお、長年、楠本氏と親交があった目加田誠氏（一九〇四～一九九四）は、楠本氏の学問について「あの方の学問は、じいっと坐って、同じ所を掘って掘って掘りぬいて行ったら、下から水が湧いて来た。そんな風でした」と語っているが、[7]楠本氏の学問の性格を見事に言い当てていると言えよう。

（二）岡田武彦の陽明学研究

次に岡田氏の陽明学研究について概観してみたい。岡田氏は晩年に至るまで精力的に活動し、膨大な著作を残しており、その全貌は二〇〇二年に刊行が始まった『岡田武彦全集』（明德出版社）を通して窺うことができるが、[8]ここでは陽明学と関わる著述で、書籍の形で公になっているものを挙げると以下の通りである。

・『明代儒学者一覧付索引』（九大宋明思想研究室、一九五七年）
・『明末儒教の動向』（九大宋明思想研究室、一九六〇年）
・『王陽明と明末の儒学』（学位論文）（明德出版社、一九七〇年）
・『王陽明文集』（中国古典新書）（明德出版社、一九七〇年）
・『宋明哲学序説』（文言社、一九七七年）
・『劉念台文集』（中国古典新書）（明德出版社、一九八〇年）

・『宋明哲学の本質』（文言社、一九八四年、『宋明哲学序説』の改訂版）
・『王陽明と現代』（活学シリーズ3）（関西師友協会、一九八七年）
・『林良斎』（叢書日本の思想家29）（明徳出版社、一九八八年）
・『私と陽明学』（郷研叢書5）（日本郷学研修所、一九八八年）
・『王陽明』上・下（シリーズ陽明学2・3）（明徳出版社、一九八九・一九九〇年）
・『現代の陽明学』（明徳出版社、一九九二年）
・『王陽明小伝』（明徳出版社、一九九五年）
・『王陽明紀行――王陽明の遺跡を訪ねて――』（登龍館、一九九七年）
・『陽明学つれづれ草――岡田武彦の感涙語録』（明徳出版社、二〇〇一年）

岡田氏が陽明学研究の分野で果たした貢献として忘れてはならないのが、陽明学関連の叢書の監修や編集であろう。日本では一九七〇年代になると『陽明学大系』全一三巻（明徳出版社、一九七一年～）、『王陽明全集』全一〇巻（明徳出版社、一九八三年～）、『佐藤一斎全集』全一〇巻（明徳出版社、一九九〇年～）、『和刻影印近世漢籍叢刊』（思想編・思想続篇・思想三篇・思想四篇）全六六巻（中文出版社、一九七二年～）、『叢書・日本の思想家』全五〇巻（明徳出版社、一九七七年～）、『シリーズ陽明学』全三五巻（明徳出版社、一九八九年～）などといった陽明学関連の叢書が陸続として刊行され、戦後の日本における陽明学研究はより活発なものとなり、研究レベルも飛躍的に向上することとなった。岡田氏はこうした陽明学関連の主要な叢書のほぼ全てに監修者或いは編集者として名を連ねており、ここからも岡田氏が、戦後の日本における陽明学研究の推進、発展の一翼を担っていたことが分かる。

それからもう一つ、陽明学研究の分野における岡田氏の功績として注目されるのが、明治期に発行された吉本襄編『陽明学』と東敬治編『王学雑誌』を復刻、出版したことである。[9] 周知のように、近代の日本では陽明学が注目を浴び、明治二九年から昭和三年までの間に吉本襄編『陽明学』(鉄華書院)、東敬治編『王学雑誌』(明善学社)、東敬治編『陽明学』(陽明学会)、石崎酉之允編『陽明』(大阪陽明学会)、石崎酉之允等『陽明主義』(大阪陽明学会)といった五種類の雑誌が発行された。岡田氏は戦後忘れられていた近代日本の陽明学研究にも目を向け、思想的遺産として現代に活かしていこうとしたのである。復刻の理念について岡田氏は次のように語っている。

戦後の日本では伝統文化や思想を極度に蔑視し、欧化主義がまた一世を風靡するような状況となり、その結果、日本人はだんだん精神的支柱を失いつつあるように思われた。私はかねがね、日本人は儒教を学ばなければ精神的支柱を保持することができないと考えていたが、それには「かつて発行された陽明学関係の雑誌を復刻して識者に訴えるしか他あるまい」と思い、その企画を立てたのである。

(岡田武彦『わが半生・儒学者への道』、思遠会、一九九〇年、三六八〜三六九ページ)

近代日本における陽明学研究には「時流」の影響を受けたものも多く見られ、その評価は複雑であろうが、陽明学の日本における歴史的展開や思想的影響を研究する上で、近代日本においてどのような陽明学研究がなされていたのかを分析することは必要不可欠であり、岡田氏による雑誌の復刻は、「日本陽明学」研究の進展に大きく寄与したのではなかろうか。

岡田氏は日本国内で陽明学研究を牽引しただけでなく、国際陽明学研究中心（浙江省社会科学院）学術顧問、名誉研究員を務め、平成九年（一九九七）には「国際陽明学京都会議」の議長として世界各地の著名な陽明学研究者を招き、「地球」・「人類」・「未来」に目を向けたスケールの大きな学術交流を実現した。さらにまた、岡田氏の陽明学に対する貢献は、単に学術の世界に止まるものでなく、氏は中国内地における王陽明の墓の修復、王陽明関連の遺跡の探訪調査、歴史建造物の修復や記念碑の建立なども行っている。岡田氏を抜きに現代における王陽明、陽明学関連の事績は語ることができず、岡田武彦の名は「陽明学史」の中に確実に刻まれ、後世に語り伝えられていくことになるであろう。

続いて岡田氏の陽明学を含めた宋明思想研究の特色についてまとめてみたい。岡田氏も楠本氏と同様、宋明思想全般にわたって研究を行っているが、特に陽明後学、明末儒学の思想的動向、特質の解明に力を入れた。このことは、岡田氏の学位論文が『王陽明と明末の儒学』であることからも確認できるであろう。岡田氏は該書の「まえがき」で、自分が明末の儒学思想に関する研究に向かった背景について次のように説明している。

本書は明末の儒学思想を中心に、王陽明とその門人及び湛甘泉の思想を加えてこれを論じたものである。明末の儒学思想は、実は今から十数年前、著者の恩師、故楠本正継博士が、米国ロックフェラー財団の研究助成金を受けて、宋明思想の研究に従事せられた時、研究員の一員に加えられた筆者が研究成果としてまとめたものである。恩師の研究成果は昭和三十七年「宋明時代儒学思想の研究」と題して出版されたが、ただ明末の儒学思想に関しては、割愛された。故に本書はその続編ともいうべきものである。

（『王陽明と明末の儒学』、「まえがき」、一ページ）

ここから、岡田氏の陽明後学・明末儒学の研究が、楠本氏の宋明思想研究を継承、補完、発展させたものであったことが理解できるであろう。なお、岡田氏は、陽明後学の思想世界を「現成派（左派）」、「帰寂派（右派）」、「修証派（正統派）」の三つの系統に分類・整理し、王龍渓・王心斎・羅近渓・周海門・耿天台・顔山農・何心隠・李卓吾を「現成派」に、聶双江・羅念菴・劉両峰・王塘南を「帰寂派」に、銭緒山・鄒東廓・欧陽南野・胡廬山・李見羅を「修証派」に帰属させている。岡田氏の陽明学に対するこうした系統区分、整理が、国内外の陽明学研究に大きな影響を与えたことは周知の通りである。

岡田氏は、東林学をはじめとする明末の儒学についても踏み込んだ分析を行い、明末の儒学に思想としての深まり、進展を見出している。特に高忠憲と劉念台を高く評価し、彼らの思想を「朱子学を経過した新王学的なもの」と表現している。[10] 朱子学が陽明学によって超克され、その陽明学が再び朱子学によって鍛え直される、そうした経緯を経て誕生した、より洗練された深みのある儒学、それが岡田氏の理解した高忠憲や劉念台の思想であったようである。なお、岡田氏の陽明学、明末儒学への関心は、中国内部に止まらず、その日本への影響という問題にまで広がり、氏は幕末の儒学・陽明学の研究も積極的に行っている。なお、岡田氏の学風について、土田健次郎氏は「先生の学風は、和漢にわたる原典を読み込み的確に整理されたうえで、思想の潮流を大きく描きだすというもの」と指摘されているが、[11] 岡田氏の学問の性格を的確に捉えたものだと言えよう。

岡田氏の宋明思想研究の主軸が陽明学研究にあったことは疑いないであろうが、氏は決して朱子学を批判したり、その思想を低く評価したりはしていない。楠本氏と同様、岡田氏にも思想的な偏向は一切認められない。特に日本儒学の方面では、山崎闇斎の朱子学を奉ずる楠本端山・碩水の思想、引いては山崎闇斎の朱子学そのものを研究し、その思想に深く共鳴し、高く評価している。特に岡田氏が闇斎学派の朱子学研究を通して、朱子の思想に「智蔵」という観点が存在することを発見し、朱子の「智蔵説」としてその思想的重要性を説いていることは注目に値しよう。[12]

岡田氏の宋明思想研究の特徴として、著述や書信といった文献資料のみでなく、陶磁器や絵画などの芸術作品にも注目し、芸術と時代精神や思想との関わりについて考察している点も指摘できるであろう。岡田氏によれば、宋代に盛んに作られた宋磁（青磁・白磁）を通して簡素、理智的、内観的精神、「蔵」の傾向を読み取ることができ、朱子学を代表とする宋代の思想にはこうした精神、傾向が反映しており、明代に盛んに作られた染付・赤絵といった陶磁器を通して繁縟、抒情的精神、「露」の傾向を読み取ることができ、陽明学を代表とする明代の思想には、こうした精神、傾向が反映しているということになる。なお、こうした方法は、楠本氏にも見られるものであり[13]、岡田氏の研究は、師の方法を継承し、それをさらに発展させていったものだと見なすことができるであろう。

岡田氏は生涯にわたり宋明思想、特に陽明学の顕彰と儒教を基盤とした社会的教化に情熱を注いだわけだが、晩年、それと同時に自己独自の哲学も主張するに至る。「身学」と「崇物論」である。岡田氏によれば、朱子学（宋学）では「性」を重視し、陽明学では「心」を重視しているが、実は心も性も「身」から生じているのであり、「身」こそが全ての根本だということになる。よって工夫は「身」を直接の対象とし、「身」から始めなければならない。こうして打ち出されたのが、朱子の理学、陽明の心学とは異なる岡田式の「身学」であり、「兀坐培根」という工夫であった。そして身学と同時に岡田氏が提唱したのが、人間に「人格」があるように、物にも「物格」、「霊性」があり、この世のあらゆる存在は、例外なく「尊厳」を有する霊的な存在だとする「崇物論」であった。岡田氏のこうした「崇物」観が、日本古来の自然崇拝、古神道にも通じるものであることは言うまでもないであろう[14]。岡田氏は、晩年、宋明思想（朱子学・陽明学）をベースに独自の思想の創出を行ったわけであるが、それは同時に日本的なもの（崇物、簡素の精神）への回帰でもあったと言えるであろう。

(三) 荒木見悟の陽明学研究

続いて荒木見悟氏の陽明学研究を振り返ってみたい。荒木氏も岡田氏と同様、九大在任中のみならず、退官後も精力的に研究を続け、膨大な量の著述を残している。その中、陽明学、明代思想と関わる著作に限ってその成果を見てみると、以下の通りである。

・『仏教と儒教――中国思想を形成するもの――』(平楽寺書店、一九六三年)
・『明代思想研究』(創文社、一九七二年)
・『朱子・王陽明』(世界の名著一九、溝口雄三氏と共著、中央公論社、一九七四年)
・『仏教と陽明学』(レグルス文庫116、第三文明社、一九七九年)
・『明末宗教思想研究――管東溟の生涯とその想――』(創文社、一九七九年)
・『吉村秋陽・東沢瀉』(叢書日本の思想家46、明徳出版社、一九八二年)
・『陽明学の開展と仏教』(研文出版社、一九八四年)
・『呻吟語』(講談社、一九八六年、講談社学術文庫版、一九九一年)
・『李二曲』(シリーズ陽明学、明徳出版社、一九八九年)
・『陽明学の位相』(研文出版、一九九二年)
・『明清思想論考』(研文出版、一九九二年)

・『新版　仏教と儒教』（研文出版、一九九二年）
・『中国心学の鼓動と仏教』（中国書店、一九九五年）
・『陽明学と仏教心学』（研文出版、二〇〇八年）

その他、翻訳に容肇祖著『新版明代思想史』（秋吉久喜紀夫氏との共訳、北九州中国書店、一九九六年）があり、また昭和五三年から五六年にわたり、科研の助成金を取得し、共同研究「明末における思想運動の総合的研究」を執行している。なお本研究には、共同研究者として佐野公治（愛知県立大学）、溝口雄三（一橋大学）なども参加しており、その研究成果の一部が『中国哲学論集』特別号（明代思想文芸論集）（一九八一年三月）として刊行されている。また、本研究の一環として『伝習録索引』（一九七七年三月）も制作された。

続いて荒木見悟氏の陽明学を含めた宋明思想研究の特色についてまとめてみたい。荒木氏の研究業績を一瞥してみると、氏が研究者として活動を始めた当初、研究の中心が朱子学にあったことが分かる。荒木氏の卒業論文は「朱子学の根本問題――日常性の哲学」（一九四〇年）であり、研究職に就いてからの処女論文は「朱子の実践論」（『日本中国学会報』第一集、一九四九年）であり、昭和三四年（一九五九）、学位論文として提出したのは『朱子の哲学』であった。その後、荒木氏の研究の地盤は、朱子学から陽明学、明代思想、禅、そして明末清初の三教一致論へと推移、拡張していくわけであるが、荒木氏の関心が終始一貫して儒教（朱子学・陽明学）と仏教（禅思想）との絡み合いにあり、その初期の成果が『儒教と仏教』であることは周知の通りである。荒木氏は本書で「本来性」と「現実性」という視角を用いて「華厳・禅・朱子学・陽明学を一貫する中国思想史の源流[15]」を探るとともに、朱子学・陽明学との間で展開されている思想的「相反・離合・葛藤」の様相を明るみにしようと試みている。荒木氏自身、晩年、本書を執筆した意図について次のように語られている。

宋明儒家の中で、朱子と王陽明を選んだのは、いうまでもなく、それぞれの時代の精神を、最も豊かに代表するものだからである。宋明思想史の明暗は、この両者の思想の相反・離合・葛藤によって、発生したのである。

（荒木見悟「『新版仏教と儒教』の執筆意図」、『中国哲学論集』第四四号、二〇一八年、二ページ）

荒木氏の研究の特徴として先ず指摘できるのは、朱子学、陽明学、仏教（禅）が歴史的にどのように対立・葛藤、或いは離合したのかに注目し、そこからそれぞれの立場の思想的特質、時代的な意義を解明していくという手法を用いている点であろう。次に指摘できるのは、陽明学の展開、引いては明代思潮の全動向に即して「明代仏教思潮」を解明している点であろう。荒木氏は「明代仏教思潮」研究の重要性について次のように説明されている。

明代仏教思潮の研究は、中国仏教史の中でも、もっとも立遅れた領域であり、……明代中期以降、仏教内部に諸宗混合の情勢が急速に進行したばかりでなく、儒仏道三教混融の傾向が濃化し、仏教だけを抽出して論議の対象とすることが困難となり、……明代仏教思潮は、何よりも明代思潮の全動向に即して考察されるべきであるということ、言いかえれば、明代仏教は、明代という新しいるつぼの中で攪拌され錬磨されたあげく、さまざまな凝縮体として形成されたという事実に、先ず注目する必要があろう。

（荒木見悟『仏教と陽明学』、第三文明社、一九七九年、一二ページ）

「明代仏教思潮」の研究は荒木氏によって切り開かれ、深められていったと言っても過言ではなく、荒木氏が「明代仏教思潮」研究の第一人者として国際的に高く評価されていることは周知の通りである。そして、この「明代仏教思潮」の研究が、陽明学の歴史的展開やその思想的特質を考える上でも非常に重要な意味を持っていることは言うまでもなかろう。

荒木氏の宋明思想研究の特徴としてさらに指摘できる点は、研究の対象となる人物や思想を各種異なる立場・視点から理解、評価しようとする姿勢ではなかろうか。この点について荒木龍太郎氏は次のように指摘されている。

围绕一位思想家、就有他的同时代、后世、其他学派、日本儒学等浩如烟害的资料。在深入研究的过程中、要避免轻易下结论、以保持客观性。（ある思想家について同時代、後世、他学派、

他教学、日本儒学、などの該博、膨大な資料を提示し、安易な断定を避け客観性を確保しながら深められていくのである。

（荒木龍太郎「荒木见悟先生明代思想史研究的意义」、呉震・申緒璐主編『中国哲学的丰富性再現：荒木见悟与近世中国思想论集』、上海古籍出版社、二〇二一年、二一〇ページ）

このように荒木氏の宋明思想研究には、研究対象となる思想家の実像、思想的特色を同時代或いは後世の思想家や他学派の思想家の目（批評）を通して浮かび上がらせていく、「周りから見る」手法が見られ、こうした手法を用いることで、荒木氏はできうる限り独断に陥ることなく、客観的に研究対象の姿を捉えていこうとしたものと思われる。なお、荒木氏の研究には、楠本、岡田両氏と同様、時代思潮の全体を捉え、その流れを大きく描き出そうとするマクロな切り口が見られると同時に、朱子学、陽明学の思想構造を細かく論理的に分析していくミクロな切り口も見られ、両者が補完し合うことで、より精緻な研究が展開されていると言える。ミクロな視点から個々の思想家の思想内容に鋭利な分析を加えると同時に、マクロな視点から個々の思想の相互関係、宋明思想全体の中での立ち位置を的確に見定めていく、これが荒木氏の宋明思想研究の基本的なスタイルであったと言えるのではなかろうか。こうした研究スタイルによって生み出された荒木氏の儒教と仏教を跨いだ研究成果は、日本のみならず海外でも高く評価されており、近年でも荒木氏の「近世中国思想研究」を回顧し、議論するシンポジウム、「中国哲学的丰富性再現——荒木见悟与中日儒学国际研讨会」などが開催されている。[16]

先述したように、岡田氏には陽明学、儒教思想を現代の社会に活かしていこうという姿勢が強く見られ、岡田氏はアカデミズムの世界における研究だけでなく、一般の社会人を対象とした啓蒙活動なども積極的に行ったが、荒木氏の活動は、アカデミズムの世界における学術研究に徹していたようである。管見による限り、荒木氏には陽明学や儒教思想の「現代的意義」に言及した著述は見られず、その陽明学研究、仏教研究、宋明思想研究は、あくまでも「歴史的意義」の解明を第一義とし、思想史研究「以外」或いは「以上」のことに踏み込んでいくことは敢えて控えていたようである。従って、当然、荒木氏には「現代的」な視点から、朱子学と陽明学に優劣をつけるような発言や議論は見られないわけだが、「歴史的」な視点からは、陽明学の発展を「(朱子学の)弱点をおさえ、これを克服した……儒教の枠をこえた一種の人間学の興隆[17]」であり「人間解放運動[18]」であったと捉える見解が見られ、陽明学は朱子学よりも思想的に前進したものであると評価していたようである。こうした陽明学評価は、陽明学が明末思想界に及ぼした影響について語った次のような記述からも確認できる。

陽明学は単に朱子学陣営に衝撃を与えただけではない。人間を原点から問い直せという良知説の主張は、他の教学、すなわち仏教や道教にまで波及し、特に明初以来ひっそりと停滞を続けていた仏教界に、久方ぶりに生気がよみがえり、いわゆる明末の四高僧(袾宏、達観、徳清、智旭)が輩出し、仏教界最後の光芒を放つに至るのである。こうした幅広い人間復興運動の進展するところ、ついに官憲の忌諱にふれる学者や僧侶があらわれ、陽明学は危険思想であるとの宣伝材料を朱子学派に与えることにもなるが、中国思想史上、最も華麗な時期の一つであったことは疑いない。ただこの自由な風潮も、明朝の滅亡とともに漸次鎮火し、折角芽生えた近代への志向も消滅するに至るのである。

（荒木見悟「近世儒学の発展——朱子学から王陽明へ——」、『朱子・王陽明』、六四ページ）

このように、荒木氏は確かに陽明学に「自由の風潮」、「近代への志向」を見出している。陽明学に「近代思惟」の萌芽が見られることを強調したのは、周知の通り、島田虔次氏（一九一七～二〇〇〇）である。島田氏も荒木氏と同じ一九一七年生まれであり、両氏はまさに同世代の研究者だということになるが、その両氏が、陽明学に対して同じようにシンパシーを抱き、同じような評価をしているのは興味深く思われる。[19]

（四）九州大学における陽明学、宋明思想研究の傾向

以上、楠本、岡田、荒木三氏の陽明学、宋明思想研究の特徴を簡単に振り返ってみたが、三氏の学問何れにも当てはまる特質、つまり九大の陽明学、宋明思想研究の「学風」といえるようなものが存在するのであろうか。楠本、岡田、荒木の三氏は同じく宋明思想研究に生涯を捧げたが、興味・関心の在処が多分に異なっており、その研究スタイルも必ずしも一致しているわけでなく、簡単に三者を

一つの「学風」にまとめることは難しいであろう。また、他大学、他地域の「学風」との比較も、厳密に調査、分析した上で慎重になされるべきであろう。筆者には今、そうした比較を行う技量も学識もないため、九大中哲の陽明学研究、宋明思想研究の特質、学風というものを学術的、客観的に捉え、正確に説明することはできないが、もし敢えて楠本、岡田、荒木三氏の研究に共通して見られる「傾向性」といったものを取り出すならば、以下のような点が指摘できるのではなかろうか。

①朱子学から陽明学まで宋明思想の全貌を見据えた研究

現代では、研究分野が細分化し、朱子学研究者と陽明学研究者が分かれる傾向にあるが、楠本、岡田、荒木三氏は宋代から明代までをカバーするスケールの大きな思想研究を展開している。岡田、荒木両氏は先述したように、研究の重心が次第に陽明学、明代思想に移っているが、両氏を「陽明学」研究者と限定してしまうことはできないであろう。

②宋明時代の思想潮流を描き出す巨視的なアプローチ

朱子学と陽明学、どちらにも通じているからこそ宋明思想の大きな流れを捉えることが可能となっている。なお、土田健次郎氏が岡田氏の学風について「先生の学風は、和漢にわたる原典を読み込み的確に整理されたうえで、思想の潮流を大きく描き出すというものである。……巨視的な中国思想史観は、学会を超えて今後も絶えざる刺激をあたえていくであろう。[20]」と指摘しているが、こうした学風は、楠本、荒木両氏にも当てはまるものだと言えよう。

③時代精神の解明

楠本、岡田、荒木三氏とも、朱子学を生み出した宋代の精神、陽明学を生み出した明代の精神、引いては中国思想の根底に流れる文化的基調とは何かを掘り下げ、突き止めていこうとする姿勢が見られる。ちなみに、三氏によって突き止められた中国思想の源泉とも呼べるものは、楠本氏にとっては「天」（自然）に帰依していく精神であり、岡田氏にとっては「蔵」（内観）の精神であり、荒木氏にとっては「本来性」であったと言えるのではなかろうか。

④江戸儒学（闇斎学派、幕末の陽明学者）に対する正当な評価、顕彰

戦後しばらくの間、日本における中国学の分野では、和刻本や江戸時代の漢学者（儒者）の学問・思想を軽視する傾向にあったが、楠本、岡田、荒木三氏は、闇斎学派や幕末陽明学者の著述を積極的に収集・整理し、江戸儒学の成果を宋明思想研究に活かしている。

⑤「求道」的学問・研究

楠本、岡田、荒木三氏の学問には、共通して人格、精神的境地を重視する「求道的」傾向が認められるのではなかろうか。学問の現代的意義についてはあまり語らなかった荒木氏であるが、学問を「人格の形成」と結びつけて捉えていることは、自叙伝『釈迦堂への道』の中で次のように語っていることからも明らかである。

学問は単に学問のためにあるのではなく、人格の形成と結びついていなければならぬ、ということは、考えてみると、若い時分からの私の信念であった。従って「人生とは人間形成のための道場である」ということにもなる。（荒木見悟『釈迦堂への道』、一五五ページ）

福田殖氏も次のように荒木氏の学問を評価している。

著者は学道の人であり、求道者的側面が強いと言えるのではなかろうか。それは著者が青春のある時期から苦悩と焦燥・学問的彷徨を通して、絶えず人間社会に対する根源的問いを継続して来られたことと無関係ではない。

（福田殖「（書評）荒木見悟著『陽明学の開展と仏教』」、『中国哲学論集』第一〇号、一九八四年、一三七ページ[21]）

⑥研究方法としての「哲学的」アプローチと「体認」

一口に「陽明学」研究或いは「宋明思想」研究と言っても、そのアプローチの仕方には哲学的、歴史学的、考証学的、書誌学的、社会学的等など、さまざまなものがあるであろう。実際にはいくつかのアプローチが混在している場合も多く、単純に割り切れない側面もあるであろうが、楠本、岡田、荒木三氏の研究に見られるのは基本的に「哲学的」なアプローチであると言えるのではなかろうか。福田殖氏は、荒木氏の宋明思想研究を「哲学的見地からする歴史研究であり、歴史に生きづく人間研究[22]」と評価されているが、この評価は楠本、岡田両氏の研究にもそのまま当てはまるであろう。楠本氏が『宋明時代儒学思想の研究』の「後記」で「成心なく古人の立場を追うてこれを体認し」と自己の研究のスタンスを語っていることは前述したが、荒木氏は師のこうした発言を「当時の日本の学会の事情――思想内容に即した究明ではなく、外側からの様々なアプローチで把握し表皮の理解に終わっている――を顧慮しての発言である」と指摘し、楠本氏の立場を「宋明の思想家の生き方・考え方を深くその心情に探り、広く文献に漁り、きびしく表裏を叩き、その如実の姿を描破し、それぞれの思想の形成・発展・交渉・流動の跡を、あるがままに理解しようと」するものだと説明されている[23]。荒木氏の見た楠本氏の研究は、まさに福田氏の見た荒木氏の研究同様、「哲学的見地からする歴史研究であり、歴史に生きづく人間研究」であったわけである。なお吉田公平氏も九大の「中国哲学研究の特色」を「哲学として中国哲学を研究すること」にあると指摘されており[24]、陽明学研究であれ朱子学研究であれ、その「思想内容」に即して、内側から「哲学的」に掘り下げていくというのが楠本、岡田、荒木三氏に共通する宋明思想研究、中国哲学研究のスタンスであったと見てよいであろう。

こうした「哲学的」な掘り下げには、研究対象（思想家）の立場に沿った内面的理解も必要とされることになり、先述したように、楠本氏はそれを「体認」と表現していた。柴田氏は、楠本氏の所謂「体認」を「真に理解する」ことと言い換えた上で、楠本氏の研究方法の特色を次のようにまとめられている。

真に理解する（体認する）ことなしに思想を研究することはできないと考えていた。……対象となる思想・思想家と直接向き合い、相手と交流することから理解（研究）は始まるという基本的な姿勢がそこにあった。

（柴田篤「楠本正継博士覚書」、四〇ページ）

「体認」とは、そもそも宋明思想で用いられている対象理解のあり方を示す言葉であり、闇斎学ではこの「体認」を特に重視していたことは周知の通りである。よって楠本氏の宋明思想研究が「体認」を意識してなされていたであろうことは想像に難くないわけであるが、管見によれば、楠本氏が研究手法という観点から「体認」について触れている文章は、上記の『宋明時代儒学思想の研究』の「後記」以外には見当たらず、荒木氏にも「体認」について語っている文章は見られないようである。研究手法としての「体認」の必要性を特に強調したのは岡田氏であり、岡田氏の学問を通して九大中哲の宋明思想研究に見られる「哲学的」アプローチが「体認の学」として強くイメージされるようになっていったものと思われる。自叙伝『わが半生・儒学者への道』によれば、岡田氏は三〇代の頃から「体認」の重要性を自覚し始めていたようである。

私はその頃、最も体験を重んずる陸王学に心を寄せ、それによって、わが苦悩を解決しようと考えていた。そこで知らず識らずのうちに、道家や宋明儒学思想の研究では体認が必要であることを感じていた……。

（岡田武彦『わが半生・儒学者への道』、一九九ページ）

こうした岡田氏の回顧によれば、「体認」というアプローチは、師である楠本からの影響というよりも、陸王心学の研究を通して自らその必要性を実感し、主張するに至ったと理解してよさそうである。なお福田殖氏は、岡田氏の「体認の学」に対して次のように説明されている。

> 先生の体認の学とは、過去の遺産の蘇生を通して自己を新たに形成し直す内省的心術あるいは心法であることが察せられる。先生の体認の学は、程朱の理学よりも陸王の心学に基盤を置き、更に東林学派の高忠憲の静坐論と劉念台の誠意説をよりどころとしたようである。従って与件としての体認の学は陸・王・高・劉の人格から決して眼を離すことができないものとなったのである。
>
> (福田殖「岡田武彦先生の生涯と学問」、『中国哲学論集』第三〇号、一〇八ページ)

思想研究の手法としての「体認」に対しては懐疑的な研究者もおり、その評価は必ずしも一様ではないが、土田健次郎氏は岡田氏の「体認」を「研究対象を外部の対象として突き放すのではなく、その対象の文脈に自己を投げ入れ追体験する」ことと捉え、こうした研究姿勢に対して「共鳴するところが多い」と指摘されている(25)。海外でも石立善氏は、「楠本一門の研究方法」を「体認式研究」と表現し、その特徴を「己の為にする学を唱え、かつ研究対象に対しては終始一貫して誠実に向き合う態度を取り、研究対象に共鳴する形で理解していく」やり方と捉え、好意的に評価されている(26)。果たして研究手法としての「体認」を荒木氏も含めた楠本門下の研究方法、或いは九大中哲の学風と明言することができるのかどうか、改めて慎重に検証してみる必要があると思われるが、研究対象となる思想家や思想を突き放し、外から分析するのではなく、先ず対象と誠実に向き合い、対象の立場に沿って内側から理解していこうとする姿勢、そして、こうした姿勢がより深い対象理解につながるという見地は、楠本、岡田、荒木三氏に共通していたと言ってもよいのではなかろうか。

四、結びにかえて——九大陽明学研究の今後の展望

以上、九大中哲の陽明学研究を含めた宋明思想研究について振り返ってみた。調査が行き届かず、また筆者の学識不足のため、事実の誤認や不適切な記述も多く見られるはずである。識者、先輩諸賢のご批正を賜ることができれば幸いである。最後に九大中哲において、今後どのような陽明学研究を目指したらよいのか、卑見を述べて本稿の結びとしたい。

先ず、九州大学には、歴代の教授が収集した和漢の宋明思想関連の図書、資料が多数存在する。特に陽明学関連の資料に関しては、質量共に極めて充実した環境にあるわけであり、そうした利点を十分に生かし、陽明学研究を積極的に推進していく責務があるであろう。また貴重な資料に関しては、

デジタル化して公開し、学外の陽明学研究者も自由に利用できる便を図り、日本、引いては世界の陽明学研究の活性化、進展に役立てていくべきだと考える。

次に日本の近世・近代における陽明学研究の実態を解明し、その成果を現代の陽明学研究につなげていくことも必要であろう。こうした分野は先述したように岡田氏が関心を持ち、先鞭をつけられ、現在では吉田公平氏が積極的に取り組まれているが、今後更に充実させていくべきであろう。九州大学には幕末維新期の陽明学者の書簡など、貴重な資料が多数保存されている。そうした資料を活用し、日本における陽明学の歴史を実証的に明らかにしていくことも重要である。なお、二〇二〇年から二〇二三年かけて荒木龍太郎氏を研究代表とする科研（基盤研究C）「幕末維新期の陽明学者吉村秋陽・吉村斐山の未刊文書の翻刻と研究」が遂行され、この方面の充実が図られている(27)。

三つ目としては、「哲学的」なアプローチを洗練させ、深めていくという点を指摘したい。一口に陽明学研究といっても、書誌学的、考証学的、歴史学的、社会学的等など、さまざまなアプローチの仕方があるであろう。そして言うまでもなく、陽明学の歴史的実像により近づいていくためには、こうしたさまざまなアプローチからの陽明学研究が必要となる。理想の陽明学研究とは、それぞれの研究者が性向に合った、得意とするアプローチによって研究を深め、その成果を学会に提供するという形で、共同、協調し合うことによって実現できることになろう。先述したように、九大中哲は「哲学的」なアプローチを重視してきた。こうした伝統の強みを生かし、「哲学的」なアプローチをさらに充実、洗練させていき、「哲学的」な理解という方面から陽明学研究の進展に寄与できればと考えている。

ただ「哲学的」なアプローチ、「哲学的」な理解と言ったとき、そこには改めて考えてみなければならない根源的な問題が存在する。それは、研究者は研究対象（人、思想）とどう向き合うべきなのかという問題である。中国思想研究の場合、研究対象は文書（文字で書かれたテキスト）を媒介として捉えられることになるわけであるから、結局問題は、研究者はテキストとどう向きあうべきなのかということとなってくる。つまり、「哲学的」な陽明学研究といった場合、研究者はどのような立場、どのような方法で陽明学関連のテキストを読めば陽明や陽明後学の「思想」を忠実、正確に理解できるのかといった問題に突き当たるわけである。更に言えば、陽明学という過去の思想を残されたテキストを通して忠実・正確に理解することはそもそも可能なのかといった問題を考えてみる必要も生じてくるであろう。こうした問題は西洋哲学の領域では「解釈学」という形で議論がなされているが、中国思想史とは、まさに古典（テキスト）の注釈＝解釈の歴史とも言えるわけであり、その意味で、中国思想研究は「解釈学」のテーマと無縁ではないのではなかろうか。漢学（清朝考証学）と宋学（宋明理学）の対立、俗に所謂「漢宋之争」というのも古典（テキスト）との向き合い方、解釈のスタンスの違いが根底にあるのである。

現代の学術研究は言うまでも無く「科学的」、「客観的」、「実証的」であることを理想とする。中国思想研究も例外ではない。陽明学研究で著名な山下龍二氏（一九二四～二〇一一）は、あるべき「思想史」研究の立場について次のように指摘されている。

思想史の立場は、中国哲学（思想）を、中国の歴史の中に見ようとし、また、それ自体の歴史を考える。現在の自己の生き方と直接的には無関係に研究するのであって、中国思想をひとまず対象化して客観的に眺めようと努めるものである。……思想史的な追求は、古典をじかに現代に生かそうという意図をもつものではない。……このような客観主義的な研究が、その結果として大きく現代に影響を与えることはあり得ることである。……客観主義を傍観者的立場として酷評することは易い。しかし、より高い見地からみれば、客観的な立場というものも、現代においてのみ許されるようになった一つの学問の立場である。
（山下龍二「中国思想研究はどう進められてきたか」、『陽明学の研究上・成立篇』、現代情報社、一九七一年、一〇～一一ページ）

正論であり、まさに現代の学術研究の精神を表明したものであると言えよう。ただ、ここで問題となるのは、こうした「客観的な立場」からの「客観主義的な研究」が、陽明学のような前近代の中国の思想にどこまで有効なのかということである。言うまでも無く、陽明学をはじめとする中国の思想の多くは、単純に理性による論理的思索の産物とは言い難く、「思想」形成に心身の修養（「工夫」、「行」）が深く関わっている。つまり修養の段階（人格、境地）と「思想」が切り離せない形で結びついているのであり、修養の如何によって見える世界（知）が異なっているわけである。この点、西谷啓治氏が次のように指摘されているのが参考になるであろう。

近世とか近代とかいわれる歴史の時期を根本的に特徴づける一つの事情は、人間形成の道から「行」という契機が脱落して来たということである。特に知性の面において、客体的な事物に関する知、科学が代表するような客観的な知が支配的になり、客体についての究明と主体の自己究明とが切り離せない一つのものであるような、そういう知の次元が閉ざされて来たことである。そういう知の特色は、或る事柄を会得するその知が、会得の過程において、同時に、知る自己自身をも内から変えて行くというところにある。その変えられた自己からさらにその事柄の一層深く広い会得が生じ、その知がまた自己を変えて行く。科学的な知のようにただ外だけに向けられた客観知とは違って、外への方向と内への方向が二つで一つであるような知であり、客観知を超えた次元の上に成りたつ知である。
（西谷啓治「行ということ」、『宗教と非宗教の間』、岩波現代文庫、二〇〇一年、九五ページ）

西谷氏の指摘するように、もし「知」のあり方そのものが、前近代の世界と近・現代の世界とで異なっているのであれば、前近代の中国思想を研究対象とする場合、「科学的」、「客観的」であることに拘れば拘るほど、見えなくなってしまう部分もあるのではなかろうか。ここで改めて「体認」という理解の仕方、前近代的な「知」のあり方の実体を、歴史的な文脈に即して改めて問い直してみる必要がありそうである。

最後に、大げさではあるが、「陽明学」研究を通して中国文化の特質を明らかにし、引いては、それをより普遍的な価値の創出に生かしていくという目標を掲げておきたい。「陽明学」が繰り広げている「知」の世界は、西洋哲学に見られる「知」の世界、現代人が前提としている「知」の世界とは明らかに異なっており、そこには中国の歴史・文化を背景とした独自の世界観、人間観が表れている。それは確かに現代社会を覆っている西洋の近代に由来する「知」の世界、価値観を相対化するのに十分な重量を持っているであろう。我々は、「陽明学」研究を通して、溝口雄三氏が晩年提唱した「方法としての中国学」の一翼を担い、楠本氏の所謂「全人類の救い」となるような価値観（世界観、人間観）の構築、創出に貢献することもできるのではなかろうか。

注

1「先学を語る―楠本正継博士―」（『東方学』第六二輯、一九八一年、東方学会編『東方学回想Ｖ 先学を語る（4）』、刀水書房、二〇〇〇年にも所収）

2「先学を語る―楠本正継博士―」、荒木見悟・佐藤仁氏による回顧。

3「先学を語る―楠本正継博士―」、荒木見悟氏による回顧、一四七ページ。

4 楠本氏の生涯や著作については「楠本正継教授略歴・楠本正継教授著作目録」（『哲学年報』第二三輯、一九六一年、柴田篤「楠本正継博士覚書」（『名古屋大学中国哲学論集』六号、二〇〇七年）などを参照。

5 本研究プロジェクトのメンバーは、楠本正継、瀧澤克己、猪木博之、山室三良、岡田武彦、荒木見悟、助手は佐藤仁、福田殖となっている。

6 柴田篤「楠本正継博士覚書」、三八ページ。
7「先学を語る—楠本正継博士—」、一四〇~一四一ページ。
8 二〇二二年現在、第二四巻まで刊行されている。
9『陽明学（鉄華書院刊本）』全四巻（木耳社、一九八四年）、『王学雑誌（明善学社本）上・下（文言社、一九九二年）。
10 岡田武彦『宋明哲学の本質』、二三五ページ。
11 土田健次郎「兀坐の境界—岡田武彦先生をしのんで」、『光風霽月：岡田武彦先生追悼文集』（岡田武彦先生追悼文集刊行会、二〇〇五年）、三九七ページ。
12「朱子の智蔵説とその由来および継承」（『中国思想における理想と現実』、木耳社、一九八三年、所収）を参照。
13 例えば楠本正継「宋学を導いたもの」（『東方学』第二輯、一九五一年、『楠本正継先生中国哲学論集』にも所収）などに芸術作品と時代精神、思想との関わりが説かれている。
14 岡田氏の身学説、崇物論については『崇物論—日本的思考—』（森山文彦筆記、二〇〇三年）を参照。
15 荒木見悟『釈迦堂への道』（葦書房、一九八三年）、一七一ページ。
16 本シンポジウムは二〇一九年九月一四・一五日に上海の復旦大学で開催され、そこで発表・議論された内容は、呉震・申绪璐主編『中国哲学的丰富性再现：荒木见悟与近世中国思想论及』（上海古籍出版社、二〇二一年）に収録されている。
17「近世儒学の発展—朱子学から王陽明へ—」、『朱子・王陽明』、中央公論社、三七ページ。

18「近世儒学の発展—朱子学から王陽明へ—」、五八・五九ページ。
19 なお溝口雄三氏（一九三二~二〇一〇）は、荒木氏や島田氏に見られる「陽明学に『個』や『内面』の『近代思惟』の萌芽や『人間解放』の曙光を看取する」陽明学研究を「近代主義的あるいは歴史進歩主義的な視角による陽明学研究」と捉え、それを「時代性」という側面から分析を加えている。溝口雄三「中国近世の思想世界」、溝口雄三・伊東貴之・村田雄二郎『中国という視座』、二三ページを参照。
20 土田健次郎「兀坐の境界—岡田武彦先生をしのんで」、『光風霽月：岡田武彦先生追悼文集』、三八七ページ。
21 なお、長年にわたり荒木氏の謦咳に接してきた野口善敬氏は、荒木氏にまつわる次のような思い出を記しており、荒木氏の学風を知る上で参考になるであろう。「論文の本文中で、他者の意見を挙名で批判することを好まれず、正しい事実内容を示すことが最も大切で、他人の論文の間違いは、せいぜい注記で触れるよう注意されたこともある。」（野口善敬「荒木見悟先生の思い出」、『中国哲学論集』第四三号、二〇一七年、九一ページ）

22 福田殖「（書評）荒木見悟著『陽明学の開展と仏教』」、二七三ページ。

23 荒木見悟「会員近著紹介」、九州大学文学部同窓会『会報』第七号、一九六四年。

24「九州大学の中国哲学研究の特色は、哲学として中国哲学を研究することにある。このようにいうと、奇異の感をもたれる方がおられるに違いない。なぜこのようにいうのかというと、中国哲学（史）講座がある大学にはそれぞれに伝統としての学風がある。経学を主軸に訓詁考証を基本とするもの、中国哲学史を思想史として考究する歴史学の立場、中国哲学と称しながら西洋哲学を当てはめて哲学を装う立場など。」（吉田公平「福田殖先生とのご縁」、『日本と朝鮮の朱子学：福田殖著作選Ⅱ』、研文出版、二〇一六年、三〇〇ページ）

25「兀坐の境界——岡田武彦先生をしのんで」、三九九ページ。

26「楠本一门的研究方法称之为『体认』式研究。这一派不仅以道统自认，提倡为己之学，而且对于研究对象始终包有一种真诚沟通的态度，能具有了解的同情，堪称当代日本中国学史上最奇特的一个学派。虽然如今九州大学在这方面已经断代，但『体认』派的方法与精神在研究史上存在过的事实却是不容置疑的。又笔者认为，对于东京方面的『汉学』式——『支那哲学』式研究，应当给予积极的评价。事实上，至1990年以前，这一派与九州的『体认』派几乎撑起了整个日本的宋明理学研究，因此无论在方法论还是成果方面，都有必要作重新的检视与评估。」（石立善「战后日本的朱子学研究述评：1946～2006」、『鉴往瞻来——儒学文化研究的回顾与展望』、二〇〇六年、三〇九～三一〇ページ）

27 本プロジェクトの研究分担者は関幹雄（都城工業高等専門学校助教）、藤井倫明（九州大学准教授）となっている。

※本稿はＪＳＰＳ科学研究費 JP20KK0066 の助成を受けたものである。

報告

シンポジウム「近代日本の学術と陽明学」に参加して、今後更に期待すること

町泉寿郎

総合討論の司会を仰せつかったが、予定の時間が既に尽きており、十分な討議を行うことは難しい。そこで、司会の特権を行使して、このシンポジウムが極めて充実した内容であったことを評価するとともに、今回必ずしも十分に取り扱えなかった点を指摘しておきたい。今後のシンポジウムを企画する際に一助となればと願うものである。

小島毅氏による基調報告のスライドの中に言及があったので、敢えて名前を挙げておくが、故荻生茂博氏の『近代・東アジア・陽明学』（ぺりかん社、二〇〇八年）は、江戸期の儒学に偏重していた従来の日本思想史研究に対して、近代の漢学、殊に陽明学への関心を喚起し、また日本一国ではなく同時代の東アジアという枠組みで意義付けることを主張する点で、画期的なものであった。

今回のシンポジウムは、主として国内の主要な陽明学研究機関がそれぞれの歩みを回顧展望するも

のとなり、「近代」「陽明学」への注視という点で十分な内容となった。その一方で、「東アジア」といった国際的な視点にはやや欠けるものとなったと感じる。この点を指摘したうえで、最近私自身が資料整理に従事して知った事例を報告して終わりたい。

明治期の漢学塾二松学舎に学んだ清宮宗親(せいみやむねちか)（一八七六〜一九三六、字民卿、号良斎・黔城）という人物がいる。そのご子孫から本年（二〇二二年）、清末・民国期の中国人の書画を中心とした旧蔵資料の寄贈をうけた。清宮宗親は一八九三年（明治二六）に二松学舎に入塾し、三島中洲からの信頼が厚く、一八九九（同三二）に二松学舎助教となり、一九〇〇年（同三三）一月より赤坂第三連隊下士官に漢文を教授した。次いで一九〇二年から一九〇八年（同三五〜四一）まで六年に亙って貴州省貴陽の武備学堂と師範学堂に日本人教習として奉職した。

その後の清宮は、陸軍の通訳官となって、旅順・北京・天津・遼東半島など中国各地に滞在し、一九三二年（昭和七）に満州国が建国されると宮内府に翻訳官として勤務した。彼は二七歳で日本人教習となって以来、六一歳で新京の満鉄病院に歿するまで三五年間、その大半を中国大陸で過ごし、その中国生活は日本陸軍と関わりが深かった（早くから二松学舎の先輩である陸軍軍人福島安正の知遇を得ていた）。二松学舎に学んだ人々からは多くの陸軍軍人が輩出したことが知られているが、軍人ではないが日本陸軍と共に活動した清宮のような中国通も漢学塾時代の二松学舎出身者の一つの典型であったと言える。しかしながら、私がここで清宮の事蹟に言及するのは、二松学舎が対外進出に加担する要員を多く養成したということを言いたいからではない。

清宮が貴州に赴任した一九〇二年（明治三五）は、北京・京師大学堂総教習となった呉汝綸（一八四〇～一九〇三）が教育状況視察のために来日した年であり（六月二八日東京到着、一〇月二二日帰国）、二松学舎でも三島中洲主催による歓迎会が開かれている。これらの日清間の教育交流をどう評価するかは簡単には言えない問題だが、先ずは資料に即した事例の積み重ねが必要である。

以下、清宮の中国大陸について特に陽明学とのかかわりに焦点をあてて述べたい。貴陽滞在中、清宮は王陽明大悟の地として知られる修文県龍岡山の陽明洞を同僚と共に訪ねて、洞穴壁面に文字を刻した。この時に清宮は「龍岡山観月記」を作って三島中洲に書き送り、中洲がこれに応えて七言絶句「読清宮宗親龍岡山観月記有感」を作って清宮に贈った。これを受け取った清宮は師範学堂の創設者のひとり于徳楷と謀り、陽明洞よりも交通の便が良い扶風山の陽明祠の傍らに中洲の詩を刻した詩碑を建てた。また一九〇七年（明治四〇）七月、清宮は王陽明の銅像を購入し、翌年の帰国時にこれを持ち帰って三島中洲に「像記」の撰文を依頼した。

清宮が三島中洲から贈られた詩文のうち、とりわけ大切にした二つの文がある。「清宮宗親字号説」（一八九六年九月撰）と「王文成公銅像記」（一九一四年一一月撰）である。先に撰文された「字号説」は、清宮の名宗親にちなんで、王陽明『古本大学』の「親民」から字を「民卿」とし、「親民」の根本は「明明徳」であり「明徳」は「良知」であるから号を「良斎」とした。王陽明の説く「良知」を、清宮の一族のみならず広く天下国家に推し広めることを期待する内容である。後者の清宮が教習生活を終えて更に中国での活動を継続していた時期に撰文された「王文成公銅像記」は、「良知」を推し広める際に内修・外修の内外兼修を説く内容であり、活動の場を広げていく門人に対して期待する点において前後照応する内容になっている。

清宮は、後者の「像記」を贈られて一五年以上が経過した時点を起点として、それぞれ一巻に装丁することを思い立ち、一九二九～三六年（昭和四～一一）という満州国建国を跨ぐ時期に、北伐により北京政府が崩壊し奉天（瀋陽）などに移ってきた中国の著名な学者や要人たちに示して熱心に題跋を求めている。二巻の内訳は次の通りである。

『清宮宗親字号説』

① 恭親王「題記」、宣統庚午（昭和五年＝一九三〇）夏至日
② 三島中洲「字号説」、丙申（明治二九年＝一八九六）秋
③ 陳寶琛「題記」、壬申（昭和七年＝一九三二）仲冬
④ 袁金鎧「題記」、己巳（昭和四年＝一九二九）正月十八日
⑤ 羅振玉「題記」、己巳（昭和四年）春
⑥ 王樹枏「跋」、己巳（昭和四年＝一九二九）八月既望
⑦ 呉廷燮「題記」己巳（昭和四年＝一九二九）季秋
⑧ 呉闓生「題記」、（昭和四年初冬）
⑨ 呉郁生「題記」、辛未（昭和六年＝一九三一）夏六月

⑩　王埒「題詩」、辛未（昭和六年＝一九三一）六月
⑪　鄭孝胥「題記」、（一九三五年）
⑫　商衍瀛「題記」、康德三年（昭和一一年＝一九三六）丙子春分日
⑬　陳曾壽「題記」、丙子（康德三年＝昭和一一年＝一九三六）三月

『王文成公銅像記』

①　恭親王「題記」、宣統庚午夏（昭和五年＝一九三〇）
②　三島中洲「王文成公銅像記」、大正三年（一九一四）十一月
③　陳寶琛「題詩」、壬申（昭和七年＝一九三二）十一月朔
④　袁金鎧「題記」、己巳（昭和四年＝一九二九）孟春元宵後三日
⑤　羅振玉「題記」、己巳（昭和四年＝一九二九）
⑥　王樹枏「題記」、己巳（昭和四年＝一九二九）八月
⑦　呉廷燮「題記」、己巳（昭和四年＝一九二九）季秋
⑧　呉闓生「題記」、己巳（昭和四年＝一九二九）初冬
⑨　呉郁生「題記」辛未（昭和六年＝一九三一）六月
⑩　王埒「題詩」、辛未（昭和六年＝一九三一）夏
⑪　寶煕「題記」大同癸酉（二年＝昭和八年＝一九三三）仲春

⑫　胡嗣瑗「題詞」、康徳二年（昭和九年＝一九三四）三月
⑬　鄭孝胥「題記」、乙亥（昭和一〇年＝一九三五）六月

右のうち最も遅い時期に書かれた商衍瀛と陳曽寿の題記は実に清宮の病死直前のものであり、この書巻に清宮の強い思いが込められていたことを感じさせる。中洲から贈られた陽明学の「致良知」を骨子とする二文が清宮の生涯をかけた中国における活動の支えとなったことは確かであり、更に言えば日中両国人の協力による満州国の確立こそが清宮にとって「致良知」の極点、理想の実現であると考えていたのではないかと思う。これは悲劇的な「同床異夢」としか言いようがないが、清宮のような漢学塾出身の中国通にとって、こうした思考はありがちのものであったのではないだろうか。

他方、中国の学者たちが撰文した題跋について言えば、羅振玉と王樹枏が共に明治維新の成功に陽明学の影響があったことに言及している。羅振玉はかつてこの問題について日本に教育視察を行った呉汝綸と語ったことがあると記している。王樹枏は程朱学と陸王学では相違点があっても修己治人・躬行実践の点では同じであり、明治維新期の陽明学者と同様に、清末の同治・咸豊期には程朱学から諸賢が輩出したと記し、程朱学・陸王学に優劣はないとする。陽明学が衰退して久しい二〇世紀初頭の中国の学者にとって、陽明学に対する関心は陽明学そのものではなく、陽明学が日本の明治維新の原動力になったとする見方にあったことが窺われる。また、この文章を撰文している三島中洲が現に東宮（大正天皇）の侍講の立場にあることと、中国で長年にわたって活動を続ける清宮が三島中洲と

陽明学によって師弟関係で結ばれているという事実は、彼らに日本における陽明学が必ずしも過去のものではないことを感じ取らせるに十分だったであろう。

（本稿に記した内容については、別稿・資料紹介「清宮宗親の事蹟とその旧蔵の陽明学関係資料——王陽明銅像と三島中洲撰の王文成公銅像記、および清宮宗親字号説」（『陽明学』三三号所収）を草したので、詳細はそれを参照されたい。）

報告

浙江省紹興における「陽明学ブーム」(2017~2022)

銭明
山路裕 訳

王陽明(字は伯安、号は陽明)は、一四七二年一〇月三一日に浙江省紹興府余姚県(今は寧波に属す)に生まれ、一五二九年一月九日に江西省大余県で卒し、後に紹興府蘭亭の洪渓にある鮮蝦山の南麓に葬られた。

昨年は王陽明生誕五五〇周年にあたり、王陽明の故郷として浙江各地では、記念行事が催された。最も中心的な活動は、一一月二三日から二四日にかけて、寧波と紹興で同時に開催された「世界陽明学大会」である。寧波における活動は、余姚を中心とし、近年余姚で毎年開催されている「陽明文化節」の延長として、記念行事を主とする。一方の紹興では、学術研究を主とし、近年毎年催される「陽明心学大会」を継続し、多くのシンポジウムを設けている。とりわけ中心になるのは「天泉会講」と「稽山論道」の二つのシンポジウムである。この二つはすでに三年続いており、紹興の「陽明心学大会」

の2つの目玉となっている。

浙江省紹興では、陽明心学の発祥地・成熟地・また伝播地として、近年、とりわけ陽明文化の再評価と宣揚に重点を置き、陽明文化の保護伝承、教育による普及と学術研究などに組織的に取り組んでおり、それらは主として以下の六つの方面に具体的に結実している。

一つ目は、王陽明の遺物遺跡の保護利用を強化し、王陽明の故居に対する遺跡的研究を基礎として、八〇億人民元を投資して陽明故居に対して総合的な保護を行ない、伯府第・碧霞池・観象台・飲酒亭・古坊基址などの歴史的な遺跡を改修復元したことである。当プロジェクトはすでに二〇二二年一〇月に竣工し、対外的に開放された。同時に、陽明墓地と陽明洞天などの遺跡を高水準で修繕拡張し、拝観・瞻仰・学習・研究・交流・体悟・実践を一体化した陽明心学の聖地の建設が緒についた。

二つ目は、国際儒学連合会、中国哲学史学会などの学術組織と共同で、「陽明心学大会」という名の通った学術組織ブランドを創立したことである。あわせて、浙江省稽山王陽明研究院および学術委員会（名誉院長・陳来、学術委員会主任・楊国栄、院長・董平）、紹興市王陽明研究会、紹興文理学院王陽明研究センターなどを組織し、陽明心学の課題研究と学術交流を持続的に展開できるようにしている。

三つ目は、『中国心学』（年一回発行、浙江省稽山王陽明研究院編集）を創刊し、『伝記王陽明』『比較陽明学——以中日韓為視域』『陽明学之欧美伝播与研究』『聖人之道』『王陽明在浙江』『名士真才王陽明』『陽明夫子親伝弟子考』『明代越中心学与文学』『陽明紹興事迹考・名勝篇』『地縁・血縁与学縁

的交織——中国人文与自然境域中的王陽明及陽明学派』『思想与社会——王陽明的「事」「術」「道」』『真三不朽——王陽明新伝』などの大量の学術論著を出版したことである。

四つ目は、王陽明に関わる一連の文芸作品を創作したことである。たとえば、国家大劇院で上演された越劇「王陽明」や、中国中央電視台で放映されたドキュメンタリー「王陽明」、またアニメ「少年師爺之稽山陽明」、短編ビデオシリーズ「説話王陽明」などである。また全国各地で、「陽明物語」の地方公演や「陽明先生書法展」、「陽明の路・書画篆刻大会」などが組織立って催され、王陽明を主題とするクリエイティブ産業を生み出している。

五つ目は、国外の学術組織との協力関係を強化したことである。たとえば、韓国の嶺南大学とは共同で「中韓陽明心学与退渓理学研討会」を開催し、日本の咸生書院とは「中日祭祀王陽明活動」を合同で開催し、ロシア科学院東方学研究院とは「陽明心学在俄羅斯」を共催するなど、関連した課題研究を行なっている。

六つ目は、陽明文化によって社会の風紀を導き、「知行合一」「致良知」などの思想的精髄を普及させることである。そのために、陽明幼稚園・陽明小学・陽明中学・陽明学院といった系列校を実現し、継続して陽明文化を校園・社区・農村・企業・機関に進行させ、陽明文化体験や経典誦読などの活動を広範囲に展開して、「吾心光明」の精神によって社会の調和と発展を推し進めている。

あとがき

透谷、夏の終わりに

あとがきにかえて

ふと思い立って、小田原へ向かった。北村透谷生誕の地を訪ねてみたくなったのだ。二〇二一年、八月。待ちに待った緊急事態宣言のない夏の終わりに、それでも新幹線「こだま」には、空席が目立っていた。

人間は到底枯燥したるものにあらず。宇宙は到底無味の者にあらず。——透谷の代表的評論『内部生命論』は、このような一節にはじまる。今、この散文が背後に抱える山路愛山との論争を掘り下げるつもりはないし、まして透谷の自由民権運動への傾倒と挫折、あるいはキリスト教への信仰をもとに、その複雑な観念世界の全体を論じ切ることなど、もとより果たせるはずもない。ただこだわっておきたいのは、彼がこの短い散文において「人間」と「宇宙」の総体を躍動的な関係と捉え、その接点をインスピレーションに求めていたことである。透谷によれば、インスピレーションとは「宇宙の精神即ち神なるものよりして、人間の精神即ち内部の生命なるものに対する一種の感応」であり、それはまた「人間の内部の生命を再造する者」「人間の内部の経験と内部の自覚とを再造する者」であるという。すなわち「人間」は、インスピレーションを介して「宇宙」と接合し、それにより内面から根源的に新たな生を獲得することになる、というのである。さらに透谷は、詩人や哲学者こそ、なによりもこの「内部の生命」を観察し、語ることが求められると述べるのであった。

◇

『内部生命論』における透谷の行論は、多分に観念的、宇宙論的でありつつ、現実に立つ「人間」の内面的核心を深く見定め、鋭く抉り出そうとする清新さに満ちている。しかしより注意深く観察してみると、透谷が探究していたものの向こうには、どこか見慣れた光景が広がっているようにも思えてくる。そのように感じたのは、翌月にひとつのシンポジウムが控えていたからかもしれない。「近代日本の学術と陽明学」と題されたそのシンポジウム（二松学舎大学陽明学研究センター主催、二〇二二年九月一七日）は、小島毅先生（東京大学）による基調講演「陽明学は右か左か」のほか、九名のパネリストたちによる「陽明学研究の現在」（第一部）、「幕末から近代の陽明学」（第二部）、「近代の学術制度と陽明学」（第三部）の全三部におよぶ報告と討議とが予定されており、私は総合司会を担当することが決まっていたのだった。そのような状況のなかで読み返した透谷には、心なしか陽明学の風光が浮かび上がって見えた。それが単なる思い込みではないことは、シンポジウム当日のさまざまな議論によって裏付けられたように思う。当日のプログラムは以下の通りであった。

二松学舎大学陽明学研究センター・シンポジウム「近代日本の学術と陽明学」

開会挨拶・趣旨説明　牧角悦子（二松学舎大学）

基調講演

陽明学は右か左か　小島　毅（東京大学）

第一部　陽明学研究の現在

定理と「心」——規範の遵守と実践の多様性　山路　裕（二松学舎大学大学院）

山田方谷における誠意説の基盤　原信太郎アレシャンドレ（早稲田大学）

陽明学研究におけるテーマ性について　大場一央（早稲田大学）

第二部　幕末から近代の陽明学

井上哲次郎以前の「近代日本の陽明学」　山村　奨（東京音楽大学）

水戸学における尊王攘夷について　松崎哲之（常磐大学）

安岡正篤の陽明学理解について　永冨青地（早稲田大学）

第三部　近代の学術制度と陽明学

二松学舎をめぐる陽明学——創立から現在まで　鈴置拓也（二松学舎大学大学院）

陽明学関連資料データベースの構築について　今井悠人（二松学舎大学）

九州大学における陽明学研究——回顧と展望　藤井倫明（九州大学）

総合討論　司会：町泉寿郎（二松学舎大学）

閉会挨拶

和久　希（二松学舎大学）

小島毅先生のご講演は、近代日本において陽明学がどのような思想的傾向をもつものとして扱われてきたかをめぐって、三島由紀夫、丸山眞男、島田虔次、荒木見悟、守本順一郎の言説を横断的に取り上げるものであり、本シンポジウム「近代日本の学術と陽明学」の開幕に際して、あらためて我が国における今後の陽明学研究の意義や立場を再考する契機となるものであった。続けて、第一部「陽明学研究の現在」では、若手研究者を中心とする萌芽的研究が紹介されたほか、陽明学研究への新たな視角が提起された。第二部「幕末から近代の陽明学」では、水戸学（幕末）から井上哲次郎とその周辺（明治）、そして安岡正篤（大正・昭和）に至るまでの陽明学、その思想的命脈をめぐって幅広い議論がおこなわれた。第三部「近代の学術制度と陽明学」は、二松学舎大学、そして我が国の陽明学研究を牽引してきた九州大学について、各々の歴史や現在の取り組みが紹介された。これらの多様で魅力的な議論は、登壇者たちの高い熱量に支えられたこともあって、予定時間を大幅に延長しておこなわれたが、それでも閉会までの長時間にわたり、会場やオンラインで多くの方々にご参加いただけたことは、大変ありがたいことであった。開催校の一員として、ここに記して感謝の意を申し上げたい。

なお、今年度は二松学舎大学にとって、創立一四五周年という節目にあたっている。そこで今回のシンポジウムは、本学の開学以来の足跡を回顧しつつ、あらためてそれを近代日本という文脈へと接続させて、来たる一五〇周年のための第一歩としたい。そのような思いで企画された。開学一五〇周年を見据えた際に、あらためて本学の基盤にある陽明学を近代日本の学術という大きな文脈のなかに位置づけて再考すること。こうした主題の重要性は、当日の白熱した議論それ自体が雄弁に物語っていたように思う。それを受けて次のアジェンダは、シンポジウム後、その熱量を各々が持ち帰り、さらに問いを深めていくことにあるだろう。シンポジウムを基点として、今後の陽明学研究に新たな風が吹きわたることを願ってやまない。

◇

ところで、二〇二〇年のトレンド・カラーは、クラシック・ブルー（#0F4C81）であった。本来、街を鮮やかに演出するはずであったその色彩は、信頼や連帯をあらわすものであるという。ところがそれは、武漢を発端とする感染症（COVID-19）の世界的な蔓延にともなって、あっけなく路上から姿を消してしまった。そうして私たちは、まさしく分断されてしまったのだった。

今回、シンポジウムのポスター制作に際して、クラシック・ブルーを基調にしたいと申し出たのは、そのことを思い出したからであった。その色彩は、パンデミックによる分断を乗り越えて、新たな信頼と連帯のもとに歩き出そうとする、ささやかな決意を示すものである。上述したように、陽明学を基盤とする漢学塾からはじまった二松学舎大学は、二〇二七年に創立一五〇周年を迎える。シンポジウムの熱量をもとに、この連帯が今後、これまで以上に強固に維持されることを期待したい。

◇

透谷の生誕地碑は、国道一号線に面したマンションの片隅に建っていた。想像よりも小さいそれは、あらかじめ調べておかなければ見逃してしまったかもしれない。夏の終わりの風に吹かれて、それはいかにも、はじまりの地にふさわしかった。

前もなければ後もまた、
「運命(かみ)」の外には「我」もなし。
ひら〳〵と舞ひ行くは、
夢とまことの中間(なかば)なり。

——透谷

二松学舎大学文学部　専任講師　和久　希

【執筆者一覧】（掲載順）

牧角 悦子（まきずみ えつこ）
九州大学大学院文学研究科博士課程中国文学専攻中途退学。博士（文学）〔京都大学〕。
現在、二松学舎大学文学部教授。東アジア学術総合研究所長。
主な著作に、『講座　近代日本と漢学』第1巻「漢学という視座」・第4巻「漢学と学芸」（共編著、戎光祥出版、2019年・2020年）、『経国と文章──漢魏六朝文学論──』（汲古書院、2018年）、『角川ビギナーズクラシックス中国の古典　詩経・楚辞』（角川学芸出版、2012年）、『中国古代の祭祀と文学』（創文社、2006年）などがある。

小島 毅（こじま つよし）
東京大学大学院人文科学研究科修士課程修了。
現在、東京大学大学院人文社会系研究科教授。
主な著作に、『宋学の形成と展開』（創文社、1999年）、『近代日本の陽明学』（講談社選書メチエ、2006年）、『朱子学と陽明学』（ちくま学芸文庫、2013年）、『儒教の歴史』（山川出版社、2017年）、『志士から英霊へ──尊王攘夷と中華思想』（晶文社、2018年）などがある。

山路 裕（やまじ ゆたか）
二松学舎大学大学院博士後期課程中国学専攻単位取得満期退学。修士（文学）。
現在、二松学舎大学事務職員。
主な著作に、「王畿思想における「天泉橋問答」の位置」（『陽明学』第32号、2022年）、「王畿思想の政治方面への展開──「歴代史纂左編凡例并引」と『中鑑録』を例に」（『日本儒教学会報』第5号、2021年）などがある。

大場 一央（おおば かずお）
早稲田大学大学院文学研究科東洋哲学専攻博士後期課程単位取得満期退学。博士（文学）〔早稲田大学〕。
現在、早稲田大学非常勤講師。
主な著作に、『心即理──王陽明前期思想の研究──』（汲古書院、2017年）、「『講孟劄記』における吉田松陰と水戸学の関係」（『国士舘大学人文学論集』第3号、国士舘大学大学院人文学研究科、2022年）、「「答顧東橋書」に見える王陽明万物一体論の動機」（『朱子学とその展開──土田健次郎教授退職記念論集』、汲古書院、2020年）、「『学制略説』に見る会沢正志斎の治教一致論」（『東洋の思想と宗教』第36号、早稲田大学東洋哲学会、2019年）、「会沢正志斎の『論語』理解と実践」（『東洋の思想と宗教』第32号、早稲田大学東洋哲学会、2015年）などがある。

山村 奨（やまむら しょう）
総合研究大学院大学文化科学研究科博士後期課程国際日本研究専攻修了。博士（学術）。
現在、国際日本文化研究センター共同研究員。
主な著作に、『近代日本と変容する陽明学』（法政大学出版局、2019年）、『東アジアにおける哲学の生成と発展──間文化の視点から』（共編著、法政大学出版局、2022年）、「近代日本における『人格』の意味──修養と陽明学の関係性から」（『日本研究』62号、2021年）、「近代日本における陽明学観の変遷──大塩平八郎の評価との関連から──」（『日本儒教学会報』2号、2018年）、「井上哲次郎と高瀬武次郎の陽明学──近代日本の陽明学における水戸学と大塩平八郎」（『日本研究』56号、2017年）などがある。

松﨑 哲之（まつざき てつゆき）

筑波大学大学院一貫制博士課程哲学・思想研究科単位取得退学。修士（文学）。

現在、常磐大学人間科学部准教授。

主な著作に、『水戸学事始』（ミネルヴァ書房、2023年）、「会沢正志斎の経学思想における術数学について」（『中国文化─研究と教育』80号、2022年）、「王陽明」「黄宗羲」「顧炎武」「章学誠」（渡邉義浩・井川義次・和久希編『はじめて学ぶ中国思想　思想家たちとの対話』、ミネルヴァ書房、2018年）、『交響する東方の知─漢字文化圏の輪郭』（知のユーラシア５、編著、明治書院、2014年）、「水戸のパワースポット─水戸弘道館鹿島神社・八卦堂・孔子廟の空間構造」（堀池信夫編『知のユーラシア』、明治書院、2011年）などがある。

永冨 青地（ながとみ せいじ）

早稲田大学大学院文学研究科博士課程単位取得退学。博士（文学）〔早稲田大学〕。

現在、早稲田大学創造理工学部教授。

主な著作に、『王守仁著作の文献学的研究』（汲古書院、2007年）、『儒教 その可能性』（編著、早稲田大学孔子学院叢書、早稲田大学出版部、2011年）、『中国書籍史のパースペクティブ 出版・流通への新しいアプローチ』（編訳、勉誠出版、2015年）、「明清変革と林羅山・鵞峰」（『東洋の思想と宗教』第38号、2021年）「佐藤一斎および大塩中斎による王守仁「大学古本傍釈」の受容─併せて佐藤一斎による「大学古本序」挿注を論ず─」（『東洋の思想と宗教』第40号、2023年）などがある。

鈴置 拓也（すずおき たくや）

現在、二松学舎大学大学院博士後期課程中国学専攻在学。修士（文学）。

主な著作に、『三島毅「中洲文稿」』（共編著、研文出版、2023年）、「林鶴梁の文章観とその位置付け」（『日本漢文学研究』15号、2020年）、「林鶴梁与唐順之─林鶴梁対唐順之的評価」（江静主編『東亜学』2輯、2021年）、「中村敬宇の「道」と「文」─幕末明治期の文章観」（『二松学舎大学人文論叢』108輯、2022年）、「井上哲次郎「支那哲学史」を通して見る夏目漱石「老子の哲学」の特徴」（『二松学舎大学東アジア学術総合研究所集刊』52集、2022年）などがある。

今井 悠人（いまい ゆうと）

早稲田大学大学院基幹理工学研究科数学応用数理専攻博士課程単位取得退学。博士（理学）〔早稲田大学〕。

現在、二松学舎大学国際政治経済学部専任講師。

主な著作に、A numerically effcient closed-form representation of mean-variance hedging for ex-ponential additive processes based on Malliavin calculus, Applied Mathematical Finance, 2018、Numerical analysis on quadratic hedging strategies for normal inverse Gaussian models, Advances in Mathematical Economics, 2018、Local risk-minimization for Barndorff-Nielsen and Shephard models, Finance and Stochastics, 2017 などがある。

藤井 倫明（ふじい みちあき）
九州大学大学院文学研究科（中国学専攻）博士課程修了。博士（文学）。
現在、九州大学大学院人文科学研究院（中国哲学史講座）准教授。
主な著作に、『朱熹思想探索──以理為考察中心──』（台湾大学出版中心、2011年）、「日本崎門朱子學的『智藏』論探析」（『中正漢學研究』2016年第1期、2016年）、「心・知・明徳──朱熹の思想における「心」の構造」（『中国哲学論集』45、2019年）、「牟宗三の宋明思想理解──「理」の解釈をめぐって──」（『哲学年報』81、2022年）、「『仁』概念日本化的三種類型──以仁齋學、徂徠學、闇齋學為中心探討」（黄俊傑・安藤隆穂編『東亞思想交流史中的脈絡性轉換』、台湾大学研究中心、2022年）などがある。

町 泉寿郎（まち せんじゅろう）
二松学舎大学大学院文学研究科博士後期課程国文学専攻修了。博士（文学）。
現在、二松学舎大学文学部教授。日本漢学研究センター長。
主な著作に、『前近代の医者たちとその学び──日本近世医学史論考Ⅰ──』『幕府医学館と考証医学──日本近世医学史論考Ⅱ──』（公益財団法人武田科学振興財団、2022年）、『レオン・ド・ロニーと19世紀欧州東洋学──旧蔵漢籍の目録と研究』（日本漢学研究叢刊1、編著、汲古書院、2021年）、『講座近代日本と漢学』第1巻「漢学という視座」（共編著）・第2巻「漢学と漢学塾」（共編著）・第3巻「漢学と医学」（編著）・第4巻「漢学と学芸」（共編著）（戎光祥出版、2019年～2020年）、『渋沢栄一は漢学とどう関わったか』（編著、ミネルヴァ書房、2017年）などがある。

銭 明（せん めい）
博士（文学）〔九州大学〕。
現在、浙江省稽山王陽明研究院副院長・浙江省社会科学院研究員。
主な著作に、『东亚近世思想钩沉』（孔学堂书局、2018年）、『思想与社会：王阳明的事、术、道』（孔学堂书局、2023年）、『地缘、血缘与学缘的交织：中国人文和自然境域中的王阳明及阳明学派』（孔学堂书局、2023年）、『浙中王学研究』（中国人民大学出版社、2009年）、『王阳明及其学派论考』（人民出版社、2009年）などがある。

和久 希（わく のぞみ）
筑波大学大学院一貫制博士課程人文社会科学研究科哲学・思想専攻修了。博士（文学）。
現在、二松学舎大学文学部専任講師。
主な著作に、『六朝言語思想史研究』（汲古書院、2017年）、『はじめて学ぶ中国思想　思想家たちとの対話』（共編著、ミネルヴァ書房、2018年）、「Metaphysics and Metaphysical Poetry in the Eastern Jin Dynasty」（『Inter Faculty』Vol.11, 2022）、「庾敳の肖像──西晋名士の一典型」（『三国志研究』16、2021年）、「張華「鷦鷯賦」とその周辺──荘子、阮籍、鳥獣賦」（『六朝学術学会報』21、2020年）などがある。

近代日本の学術と陽明学

2023年3月31日　第1刷印刷　　ISBN978-4-910392-01-1
2023年3月31日　第1刷発行

編集者　二松学舎大学東アジア学術総合研究所
陽明学研究センター

発行者　二松学舎大学
〒102-8336 東京都千代田区三番町6-16

発行所　〒184-0013 東京都小金井市前原町1-12-3
電話・FAX 042(385)0265　長久出版社

Printed in Japan　　印刷・製本／株式会社興学社